# 城市快速路指路标志评估与优化

赵晓华 姚莹 边扬 李洋 黄利华 编著

中国建筑工业出版社

图书在版编目（CIP）数据

城市快速路指路标志评估与优化 / 赵晓华等编著．—北京：中国建筑工业出版社，2021.11
ISBN 978-7-112-26806-1

Ⅰ. ①城… Ⅱ. ①赵… Ⅲ. ①城市道路—快速路—交通标志 Ⅳ. ①U495

中国版本图书馆 CIP 数据核字（2021）第 211124 号

责任编辑：李玲洁
责任校对：张惠雯

# 城市快速路指路标志评估与优化
赵晓华 姚莹 边扬 李洋 黄利华 编著

\*

中国建筑工业出版社出版、发行（北京海淀三里河路 9 号）
各地新华书店、建筑书店经销
北京红光制版公司制版
北京建筑工业印刷厂印刷

\*

开本：787 毫米×1092 毫米 1/16 印张：11½ 插页：1 字数：287 千字
2021 年 12 月第一版 2021 年 12 月第一次印刷
定价：48.00 元
ISBN 978-7-112-26806-1
（38110）

**版权所有 翻印必究**
如有印装质量问题，可寄本社图书出版中心退换
（邮政编码 100037）

# 前　言

城市快速路作为城市道路的骨干，向内连接城市不同等级道路，向外连接高速公路或国道，可以满足大容量、长距离、高速度的运输需求。同时，城市快速路是城市汽车专用道路，既有高速公路车速快、封闭管理的特点，又有市政道路的特征，如车流量大、周边路网复杂、连接的城市干道多、各出口相距较近等。因此，快速路的高效安全运行对于提升城市区域整体运行水平至关重要。

作为城市骨干道路，城市快速路的指路标志等级应高于一般城市道路，同时又与高速公路有一定区别。而城市快速路立交匝道出入口、高架桥与辅路连接出入口是车辆进出城市快速路的重要通道，具有特殊的服务功能，其主要的指路标志对城市快速路使用者显得尤为重要。这就要求城市快速路出入口的指路标志，尤其是引导驾驶人驶离快速路的出口指路标志服务功能更为强大，层级性更为严谨，其合理与否直接影响着城市快速路运营的服务质量和交通安全水平。因此，系统研究城市快速路出口指路标志设置问题，对于提高城市主线交通流的安全运行有着非常重要的意义。

随着城市规模变大、出行需求增加，城市快速路与其他城市道路的联系加强，城市快速路沿线出口指路标志指引效用低下等问题突出。尤其是重要立交节点指路标志系统设置合理性、路段出口预告缺失、桥形标志过度复杂以及高架路段出口标志多信息选取等问题值得关注。

为改善城市快速路指路标志系统的薄弱环节，解决现存关键问题，本书搭建以"驾驶人为核心"的模拟驾驶、自然驾驶和导航数据综合研究平台，形成多维度、细粒度的动态驾驶特征数据库，获得驾驶人主观需求、视觉认读、脑电认知及驾驶行为特征表现，提出基于驾驶人认知规律的预告标志、桥形标志、出口标志的定量评估优化方法，为相关规范编制及工程应用提供理论支撑。同时，突破经验式研究方式，提出以人为核心，集需求、评估、优化于一体的标志作用定量评估优化一般性范式，为其他指路标志效用评估及优化设置问题提供解决思路。

本书主要内容包括：

第1章，绪论。旨在介绍本书的研究背景，包含城市快速路指路标志系统的组成，分析评述国内外快速路指路标志的设置规范及现状。

第2章，城市快速路指路标志研究概述。主要介绍城市快速路指路标志的概念及功能界定，分析对比国内外针对指路标志效用评估与优化方面的研究现状。

第3章，城市快速路指路系统主观认知及需求调查。通过开展大样本问卷调查，获取驾驶人对日常出行感受、城市快速路指路标志效用评价及标志设置建议等，挖掘城市快速路指路标志系统及桥形标志的特征需求。

第4章，城市快速路指路标志研究实验平台。介绍了支撑本书内容研究所需的实验测试平台，包含驾驶模拟实验平台、自然驾驶实验平台、导航大数据平台三方面，为实现城市快速路指路标志系统影响分析、机理挖掘及评估优化研究提供数据基础。

第5章，典型城市快速路指路标志系统效用评估及优化。借助驾驶模拟技术，开展典型快速路指路标志系统效用分析，以明确典型指路标志系统中关键标志影响特征规律及设置效用，论证基于模拟驾驶技术开展标志评估及优化研究的可行性，为进一步优化指路标志系统提供基础。

第6章，城市快速路路段出口标志效用评估及优化。基于驾驶模拟实验，获取驾驶行为测试数据，分析两种路段出口间距条件下预告次数对驾驶人的影响规律，构建效用评价指标体系，评估不同预告方案的设置效用，为实现城市快速路路段出口的预告标志优化设置提供科学依据。

第7章，城市快速路桥形标志效用评估及优化。本章基于驾驶人认知理论、神经科学理论，借助模拟驾驶技术、脑电信号提取技术展开相关工作。解决桥形标志效用和视认复杂度评价及分类问题，分析不同复杂度桥形标志对驾驶人显性特征、隐性特征的影响特征及机理，挖掘显性特征与隐性特征间的关联关系，实现复杂桥形标志的优化设计，有助于桥形标志相关规范及实际工程应用的完善。

第8章，城市快速路多信息出口标志效用评估及优化。通过开展室内视认实验，获取驾驶人视认特性及主观认知数据，挖掘多信息出口标志的视觉搜索模式，获取出口标志多信息选取及信息布局方式，为特殊条件下出口标志信息选取提供技术指导。

第9章，基于轨迹数据的典型城市快速路指路标志系统效用评估及优化。借助自然驾驶和导航大数据平台，针对北京西二环、莲花池东西路两条典型城市快速路，完成城市快速路指路标志系统设置效用的实车测试与定量评估，为后续工程应用及相关规范的完善提供依据。同时，提出快速路指路标志定量化评估及优化一般性范式，以数据驱动为导向，增强相关规范编制及工程应用的科学性、严谨性。

本书是笔者对城市快速路指路标志多年来相关研究的总结和提炼，期望本书的出版能为从事城市快速路指路标志设置与研究的学者及工程技术人员提供一定的借鉴和帮助，特别是应用驾驶模拟平台、实车自然驾驶平台及导航大数据平台形成的以人为核心的交通标志定量化评估与优化方法。本书在撰写过程中受到北京工业大学李雪玮、许亚琛、国景枫、亓航等硕博士研究生的大力支持，在此表示诚挚的谢意。

由于作者水平有限，难免有疏漏及不足之处，敬请读者批评指正。

# 目 录

第1章 绪论 ··················································································· 1
 1.1 城市快速路指路标志系统组成 ··················································· 1
 1.2 城市快速路指路标志规范 ························································· 2
  1.2.1 我国规范现状 ································································· 2
  1.2.2 国外规范现状 ································································· 8
 1.3 我国城市快速路指路标志设置现状 ············································ 12
  1.3.1 预告标志 ······································································ 12
  1.3.2 桥形标志 ······································································ 14
  1.3.3 高架路出口标志 ····························································· 16
 本章参考文献 ··············································································· 17

第2章 城市快速路指路标志研究概述 ················································· 18
 2.1 城市快速路指路标志概念及功能界定 ········································· 18
  2.1.1 预告标志 ······································································ 18
  2.1.2 告知标志 ······································································ 20
  2.1.3 确认标志 ······································································ 21
 2.2 标志设置效用评估及优化方法研究 ············································ 22
 2.3 城市快速路指路标志的视认特性研究 ········································· 24
 2.4 城市快速路指路标志的认知研究 ··············································· 25
  2.4.1 驾驶人对指路标志的认知研究综述 ···································· 25
  2.4.2 桥形标志复杂度对驾驶人脑电认知特性的影响机理 ············· 26
 本章参考文献 ··············································································· 27

第3章 城市快速路指路系统主观认知及需求调查 ································· 32
 3.1 城市快速路指路标志系统用户需求特征 ······································ 32
  3.1.1 快速路现状出行评价 ······················································ 32
  3.1.2 快速路标志满意度评价 ··················································· 33
  3.1.3 快速路标志使用需求 ······················································ 34
 3.2 立交图形指路标志主观认知特征 ··············································· 38
  3.2.1 立交图形标志使用频率 ··················································· 39
  3.2.2 立交图形标志有效性 ······················································ 40
  3.2.3 立交图形标志可理解性 ··················································· 41
  3.2.4 立交图形标志交互效率 ··················································· 42
  3.2.5 立交图形标志满意度评价 ················································ 43

## 第4章 城市快速路指路标志研究实验平台 ………………………… 44
### 4.1 城市快速路指路标志研究实验平台概述 ………………………… 44
### 4.2 驾驶模拟实验平台 ………………………………………………… 45
#### 4.2.1 基础硬件系统 …………………………………………………… 45
#### 4.2.2 场景软件系统 …………………………………………………… 46
#### 4.2.3 平台有效性验证 ………………………………………………… 47
### 4.3 自然驾驶实验平台 ………………………………………………… 50
#### 4.3.1 平台框架结构 …………………………………………………… 51
#### 4.3.2 数据采集设备 …………………………………………………… 51
#### 4.3.3 实验数据汇聚 …………………………………………………… 52
### 4.4 导航大数据平台 …………………………………………………… 54
#### 4.4.1 数据基本类型 …………………………………………………… 54
#### 4.4.2 数据预处理 ……………………………………………………… 56
#### 4.4.3 集计驾驶行为数据库 …………………………………………… 57
### 4.5 相关仪器设备 ……………………………………………………… 57
#### 4.5.1 便携眼镜式眼动脑电联动追踪系统 …………………………… 57
#### 4.5.2 Neuroscan 脑电仪 ……………………………………………… 58
### 本章参考文献 …………………………………………………………… 59

## 第5章 典型城市快速路指路标志系统效用评估及优化 …………… 60
### 5.1 典型城市快速路指路标志系统驾驶模拟实验 …………………… 60
#### 5.1.1 实验目的 ………………………………………………………… 60
#### 5.1.2 实验设计 ………………………………………………………… 60
#### 5.1.3 数据处理 ………………………………………………………… 64
### 5.2 预告标志设置效用评估 …………………………………………… 65
#### 5.2.1 换车道次数影响分析 …………………………………………… 66
#### 5.2.2 换道次数关键影响区域 ………………………………………… 66
#### 5.2.3 换车道分布比例影响分析 ……………………………………… 69
### 5.3 桥形标志设置效用评估 …………………………………………… 71
#### 5.3.1 速度影响分析 …………………………………………………… 72
#### 5.3.2 换车道次数影响分析 …………………………………………… 73
#### 5.3.3 出错率影响分析 ………………………………………………… 73
#### 5.3.4 设置效用对比分析 ……………………………………………… 74
### 本章参考文献 …………………………………………………………… 75

## 第6章 城市快速路路段出口标志效用评估及优化 ………………… 76
### 6.1 快速路路段出口预告标志现状 …………………………………… 76
### 6.2 快速路路段出口预告标志优化实验 ……………………………… 78
#### 6.2.1 实验目的 ………………………………………………………… 78
#### 6.2.2 实验设计 ………………………………………………………… 78
### 6.3 路段出口预告次数对驾驶人的影响分析 ………………………… 80

  6.3.1 指标选取 ·············································································· 80
  6.3.2 预告次数对驾驶人的影响 ························································ 82
 6.4 路段出口预告标志设置效用综合评价 ················································· 85
  6.4.1 基于熵权赋值的 TOPSIS 方法原理 ··········································· 85
  6.4.2 小间距路段出口 ······································································· 85
  6.4.3 大间距路段出口 ······································································· 87
 本章参考文献 ······················································································ 90

# 第7章 城市快速路桥形标志效用评估及优化 ············································ 91
 7.1 城市快速路桥形标志复杂度分类 ························································ 91
  7.1.1 城市快速路桥形标志现状 ························································ 91
  7.1.2 桥形标志复杂度静态视认实验 ·················································· 93
  7.1.3 桥形标志视认特征 ·································································· 95
  7.1.4 桥形标志综合评价与复杂度分类 ··············································· 99
 7.2 桥形标志对驾驶人显性特征的影响机理 ············································ 102
  7.2.1 桥形标志动态实验 ································································ 102
  7.2.2 桥形标志对驾驶人视认特征的影响 ·········································· 106
  7.2.3 桥形标志对驾驶行为特征的影响 ············································· 107
  7.2.4 视认特征与行为特征的关联关系 ············································· 110
 7.3 桥形标志对驾驶人隐性特征的影响机理 ············································ 112
  7.3.1 ERP 介绍 ············································································· 112
  7.3.2 桥形标志的脑电认知实验 ······················································ 114
  7.3.3 桥形标志对脑电认知特征的影响 ············································· 119
 7.4 桥形标志对驾驶人显性、隐性特征影响的关联关系 ···························· 122
  7.4.1 灰色关联质量 ······································································· 122
  7.4.2 灰色关联熵 ·········································································· 123
 7.5 复杂桥形标志的优化设计 ································································ 125
  7.5.1 实验设计 ············································································· 125
  7.5.2 复杂桥形标志优化方案比选 ···················································· 129
 本章参考文献 ···················································································· 132

# 第8章 城市快速路多信息出口标志效用评估及优化 ································ 133
 8.1 城市快速路多信息出口现状 ····························································· 133
 8.2 多信息出口标志视认实验 ································································ 134
  8.2.1 实验目的 ············································································· 134
  8.2.2 实验设计 ············································································· 134
 8.3 多信息出口标志主观认知特性 ·························································· 136
  8.3.1 多信息出口标志设置的合理性问题 ·········································· 136
  8.3.2 不同信息出口标志视认难度 ···················································· 137
  8.3.3 多信息出口标志视认难度评判指标 ·········································· 137
  8.3.4 多信息出口标志的不良影响 ···················································· 138

## 8.4 多信息出口标志视觉搜索模式 ······ 138
### 8.4.1 认知时间分配 ······ 139
### 8.4.2 视觉搜索顺序 ······ 144
## 8.5 多信息出口标志认读模型 ······ 146
### 8.5.1 信息量与认知时间的关系模型 ······ 146
### 8.5.2 信息排列方式与认知时间的关系模型 ······ 147
### 8.5.3 信息排列方式、信息量与认知时间的关系模型 ······ 148
## 本章参考文献 ······ 150

# 第9章 基于轨迹数据的典型城市快速路指路标志系统效用评估及优化 ······ 152
## 9.1 实车测试实验评估及优化 ······ 152
### 9.1.1 典型城市快速路指路标志系统实车测试实验 ······ 152
### 9.1.2 指路标志系统设置效用评估 ······ 156
## 9.2 导航大数据评估及优化 ······ 163
### 9.2.1 基础数据库搭建 ······ 163
### 9.2.2 基于结构方程模型的指路标志安全效用评估 ······ 164
### 9.2.3 基于可解释机器学习的指路标志影响研究 ······ 166
## 9.3 指路标志定量化效用评估及优化一般性范式 ······ 173
## 本章参考文献 ······ 175

# 第1章 绪 论

城市快速路连接各等级道路，是城市路网的骨干。随着我国经济化建设步伐的加快，大城市机动车持有量快速增长，城市内部及各城市间的联络紧密程度加强，城市快速路的建设不断加强。以北京为例，截至 2017 年年底，北京市城区道路总里程为 6359km，城市快速路 390km，快速路和主干道是承担交通运行的主要通道，是推动京津冀交通一体化协同发展的重要力量。作为最高等级道路，城市快速路向内连接城市不同等级道路，向外连接高速公路或国道，既有高速公路车速快、封闭管理的特点，又有市政道路的特点，如车流量大、周边路网复杂、连接的城市干道多、各出口相距较近等。城市快速路的服务水平对大城市交通的发展有着至关重要的作用。指路标志作为道路的无声语言，承载重要的道路信息，是人、车、路之间的交互介质，是交通部门的重要管理手段，也是交通安全设施的重要组成部分。这就要求城市快速路指路标志系统具备更好的服务性能。

## 1.1 城市快速路指路标志系统组成

城市快速路指路标志分为三类：预告标志、告知标志及确认标志，见图 1-1（a）。其中预告标志包括：出口预告标志及桥形标志；告知标志包括：出口标志及地点方向标志；确认标志包括：入口标志及地点距离标志。城市快速路出口是车流驶离快速路、通达目的地的重要节点。城市快速路多为封闭型道路，出口指示信息不清晰，极易导致驾驶人走错、错过、驻留出口，影响驾驶人行驶效率及安全，降低城市快速路的通行能力及服务水平。因此，城市快速路出口指路标志的合理设置显得尤为重要。城市快速路立交出口指路标志系统包含多级预告标志、桥形标志和出口标志，见图 1-1（b）。接下来以这三类标志作为重点研究对象。

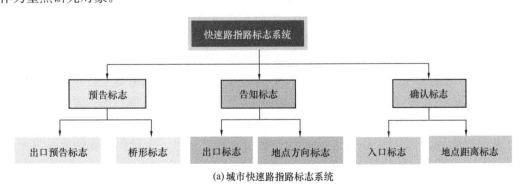

(a) 城市快速路指路标志系统

图 1-1 城市快速路指路标志系统（一）

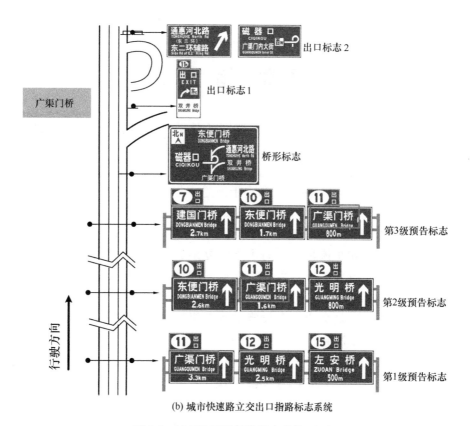

(b) 城市快速路立交出口指路标志系统

图1-1 城市快速路指路标志系统（二）

## 1.2 城市快速路指路标志规范

### 1.2.1 我国规范现状

北京城市道路主要包括一般城市道路、环线道路及放射线快速路。其中，环线道路7条、放射线快速路17条。北京市五环路、六环路按照高速公路标准建设，五环路内拥有立交桥245座。城市快速路主要特点为立交桥多而复杂、路段出口多而密集、高架路段出口间距大、待指引信息多。当前，北京市城市快速路出口指路标志的设置在遵循国家标准《道路交通标志和标线》GB 5768（以下简称"国标GB 5768"）的基础上，还遵循北京市地方标准《道路交通管理设施设置规范》DB11/T 493（以下简称"北京地标DB11/T 493"）及北京交通标准化技术文件《城市快速路指路标志设置指南》BJJT/J 111（以下简称"北京指南BJJT/J 111"）。下面介绍预告标志、桥形标志、出口标志在国家及北京市相关标准中的规范情况。

**1) 预告标志**

城市快速路作为城市道路的骨干，连接各等级道路，其高效、安全运行，对于城市的整体交通运行十分关键。随着城市规模变大、出行需求增加，城市快速路与其他城市道路的联系加强，其沿线出口分布密集。以北京市为例，城市快速路约383.2km，五环路内拥有立交桥245座；北京市二环路、三环路、四环路，立交桥平均间距1km，60%立交桥间距小于1km。此外，为连接低等级城市道路，立交桥之间一般有1~3个路段出口，路段出口间距一般在500m左右，部分间距在250m左右。

预告标志作为重要的交通安全设施，其合理设置对驾驶人的高效、安全引导非常重要。实际上，城市快速路出口应包含立交出口、路段出口两种，如图1-2（a）所示。其中，城市快速路立交出口通常连接高等级道路或区域；路段出口位于立交桥之间，一般通达低等级道路或地点。然而，实际应用中快速路出口多、标志设置条件受限，往往以立交出口的预告标志作为设置重点，见图1-2（b），易忽略路段出口预告标志的设置。当前，路段出口已成为城市快速路不可缺少的一部分，预告信息的缺失极易诱发驾驶安全、交通拥堵等问题，因此有必要完善路段出口预告标志设置。

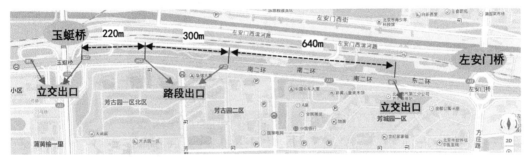

(a) 立交出口、路段出口

(b) 立交出口预告标志

图1-2 城市快速路两类出口示例

（1）国家标准

针对城市快速路出口指路标志，国标 GB 5768—2009 中第7.3节简单规范了高速公路、城市快速路出口指路标志的设置位置，即在距离高速公路或城市快速路减速车道的渐变段起点 2km、1km、500m 和起点处，应分别设置 2km、1km、500m 出口预告标志和出口预告（行动点）标志，版面设计均按照高速公路标志规格，如图1-3所示。

（2）北京地标

北京地标 DB11/T 493.1—2007 中指出，城市环路出口多级预告系统包括：环路出口多级预告标志、桥形标志（互通立交指路标志）及出口标志，版面设计包含城市道路标志、高速公路标志两种规格，如图1-4所示；但地标仅指出多级预告标志设置在环路出口

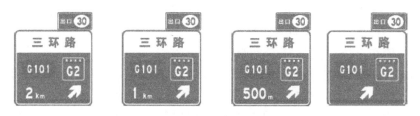

图 1-3 国标 GB 5768 出口预告标志

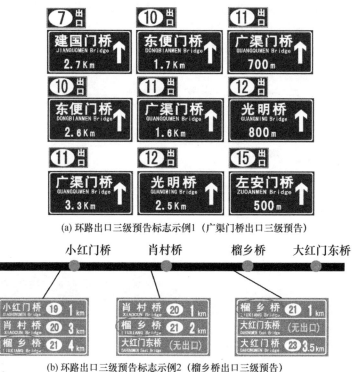

图 1-4 北京地标城市环路出口多级预告系统规范现状

前 0.5～4km，对于预告标志的设置次数、复杂桥形标志设置方法均未提及；针对城区放射线快速路设置标志，仅介绍了地点距离指路标志的大概位置及信息内容，版面设计仅以某高速公路进出城指路预告标志示例，如图 1-5 所示。

（3）北京指南

为完善北京市地方标准中对北京市放射线快速路的相关规范，2016 年 6 月北京市交通委员会公开发布北京交通标准化技术文件《城市快速路指路标志设置指南》BJJT/J 111—2016。指南中将城市快速路指路标志分为三类：预告标志、告知标志及确认标志。其中预告标志包括出口预告标志及桥形标志；告知标志包括出口标志及地点方向标志；确认标志包括入口标志及地点距离标志。

北京指南 BJJT/J 111—2016 在第 5.1 节规定，出口预告标志设置位置为出口减速车道的渐变段起点 2km、1km、500m 和起点处。条件受限时，出口预告标志之间距离可适当缩短，两级预告标志间距离一般最小值为 80m，极限最小值应大于 50m。每个出口预告

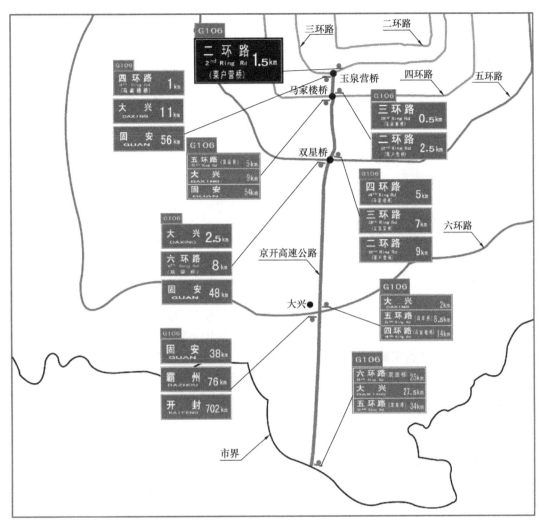

图 1-5 北京地标放射线城市道路指路标志规范现状

次数不应少于 2 次,且渐变段起点处必须设置出口预告标志,见图 1-6。

图 1-6 多级预告标志

可以看出,我国规范主要针对高速公路出口或快速路立交出口指路标志。然而,两类出口在间距条件、功能定位等方面存在较大差异,尤其是小间距路段出口,其延用立交出口预告标志设置方法的适用性尚未明确。

**2)桥形标志**

图形符号作为交通标志的三要素之一,具有易懂、易记的特点,在交通标志中广泛应用。例如城市快速路的桥形标志，利用图形描述前方立交桥区各匝道出口的走向，以快速引导车流驶入正确匝道，见图1-7。然而，随着城市道路的不断建设，立交形式复杂、多样，致使桥形标志版面日益复杂，视认效果变差。北京市立交桥数量居全国之首，仅五环内含立交桥245座，桥形标志37种，现状设置桥形标志369面，应用率达75.3%。2016年，问卷调查结果显示仅35%的驾驶人完全理解桥形标志，55%的驾驶人对桥形标志的理解水平较差。

图1-7　北京快速路立交桥桥形标志

城市快速路车流大、车速高，桥形标志复杂，容易使驾驶人因看不清、看不懂而走错或错过出口，致使出口处停车、倒车、拥堵等现象的发生。复杂桥形标志的科学、合理设置能够实现对交通流的正确、快速引导，对保障快速路路网安全、运行高效具有重要意义。然而，相关标准对于复杂立交桥标志的定义以及复杂桥形标志如何分解、设置等信息并没有进行规定。

（1）国家标准

国家标准GB 5768—2009第7.2节对互通立体交叉标志（即桥形标志）规定如下："设在互通式立体交叉以前的适当位置。复杂立体交叉或连续立体交叉，可将标志信息分解，逐步指引。"版面设计以城市道路标志规格示例，如图1-8所示。

图1-8　国家标准中的桥形标志

（2）北京地标

北京地标DB11/T 493.1—2007第1部分仅规定桥形标志在立交桥出口前500m处设置，如图1-9所示。

（3）北京指南

北京指南BJJT/J 111—2016第5.2节中对桥形标志版面形式规定"视其立交的复杂程度可设置桥形标志""桥形标志可替代设置于减速车道渐变段起点的出口预告标志"且"复杂立交需单独设计"，见图1-10。

图 1-9　北京地标中的桥形标志　　　　图 1-10　北京指南中的桥形标志

**3) 出口标志**

为实现城市快速路的高效通行,快速路高架路段普遍存在,高架路段具有服务路网范围广、出口少且间距远的特点。随着城市道路建设和区域经济的活跃,城市道路路网逐渐密集,使得高架路段与辅路连接的出口待指向道路信息多,出口标志存在信息过多且集中的现象,见图 1-11。出口标线信息多,易导致驾驶人缺乏足够的时间识别理解标志信息,造成错过出口、突然减速、倒车逆行等危险行为,严重影响道路交通安全性和顺畅性。而出口信息过少,则不能满足驾驶人信息需求,易使驾驶人难以找到出口。然而,针对该问题相关标准无明确规定,当前标志信息量的相关规范无法解决此类问题。

图 1-11　北京阜石路高架路段出口标志

(1) 国家标准

目前,国标准 GB 5768—2009 中指出"指路标志应信息量适中,各方向指示的目的地信息数量之和不宜超过 6 条;一般道路交叉路口预告标志和交叉路口告知标志版面中,同一方向指示的目的地信息数量不应超过 2 条;同一方向需选取 2 条信息时,应在一行或两行内按照信息由近至远的顺序由左至右或由上而下排列"。在实施中,快速路指路标志版面设计、内容及设置位置皆按照高速公路标志规格,如图 1-12 所示。实际上,由于高速公路和城市快速路的道路等级、设计速度等方面存在较大差异,驾驶人对指路标志的信息需求也有所不同,国标 GB 5768 中的规定和要求并不能充分满足城市快速路指标标志系统的需求。

（2）北京地标

北京地标 DB11/T 493—2007 中仅对城市道路指路标志（一般道路和环路）与公路指路标志（高速公路和一般公路）进行了规定，城市指路标志信息选取一般不超过 3 条，但对快速路指标标志，尤其是出口标志的信息量没有特定限定。

（3）北京指南

北京指南 BJJT/J 111—2016 第 6.1 节中对出口标志未规范版面信息数量，仅提及"当版面中主、辅信息数量之和为 6 个及以上时，取消英文对照"，见图 1-13。

图 1-12　国标 GB 5768 出口标志　　图 1-13　北京指南 BJJT/J 111 中的出口标志

可以看出，国家标准及北京市相关规范，针对三类标志的设计设置均存在不明确、不具体等问题，使得标准工程技术指导性差，难以满足驾驶人行驶过程中的指路信息需求。例如被中央电视台报道过的西直门立交桥、建国门立交桥（图 1-14），由于出口指路标志指示不清，致使驾驶人难以理解，走错路现象时常发生。

(a) 北京西直门桥　　(b) 央视报道标志指路不清问题

图 1-14　新闻报道案例

## 1.2.2　国外规范现状

相比之下，美国 MUTCD（2009）、《日本道路手册》（2004）针对以上三类标志规范的更为详细。美国地广人稀且高等级路网发达，高速公路居多，MUTCD 相关规范设置主要以高速公路出口为主。日本人口密集，城市快速路出口较多，与我国在道路建设体系、设施设置理念方面更为相似。

**1）预告标志**

美国 MUTCD（2009）根据交通流量大小、不熟悉驾驶人比例将城市快速路立交桥分为大、中、小三类，并依据匝道与主路衔接方式、岔口车道功能划分为若干类型匝道出口。MUTCD（2009）针对出口预告标志在不同类型的立交桥、匝道出口条件下的指路标志设置类型、个数、位置、安装方式、版面设计等有明确的工程应用原则，详见 MUTCD（2009）Part 2. Chapter 2E . Section 2E. 33，如图 1-15 所示。

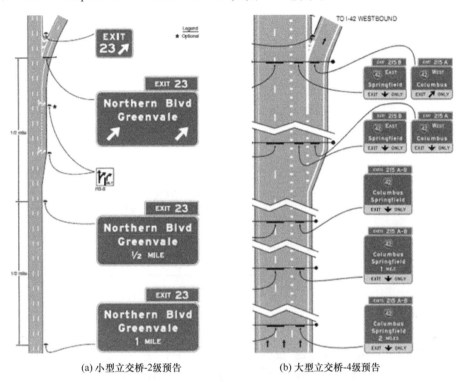

(a) 小型立交桥-2级预告　　(b) 大型立交桥-4级预告

图 1-15　美国不同预告标志次数设置

《日本道路手册》针对高速公路、城市快速路出口预告标志进行详细规范。尤其是针对不同类型城市快速路出口，提出不同预告标志位置、不同设置次数的规定，如图 1-16 所示。

**2）桥形标志**

美国的图形标志比较简单，具有多级预告功能，如图 1-17（a）、（c）所示。MUTCD（2009）对图形标志的使用有详细规定，明确了图形标志的适用条件、设置方法、应用案例等，并详细规定了不同立交桥类型、匝道类型、车道类型等条件下图形标志的设置要求，详见 MUTCD（2009）Part 2. Chapter 2E. Section 2E. 22。

日本同我国相似，桥形标志使用普遍。《日本道路手册》对桥形标志的使用规范详细，尤其是针对复杂立交桥的桥形标志设置，如图 1-17（b）所示。与我国不同，日本桥形标志一般放置在出口前方 2km 处，如图 1-17（d）所示。

**3）出口标志**

美国 MUTCD（2009）针对城市快速路指路标志信息选取及信息量有明确的规定范

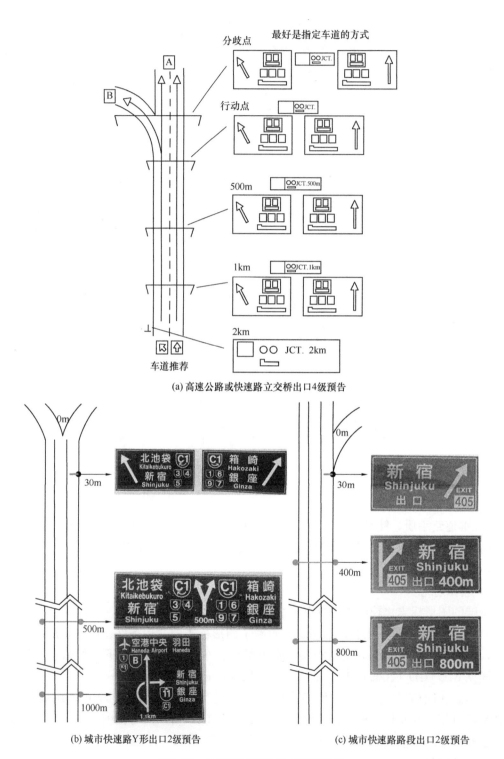

(a) 高速公路或快速路立交桥出口4级预告

(b) 城市快速路Y形出口2级预告　　(c) 城市快速路路段出口2级预告

图1-16　日本不同预告标志次数设置

# 第 1 章 绪 论

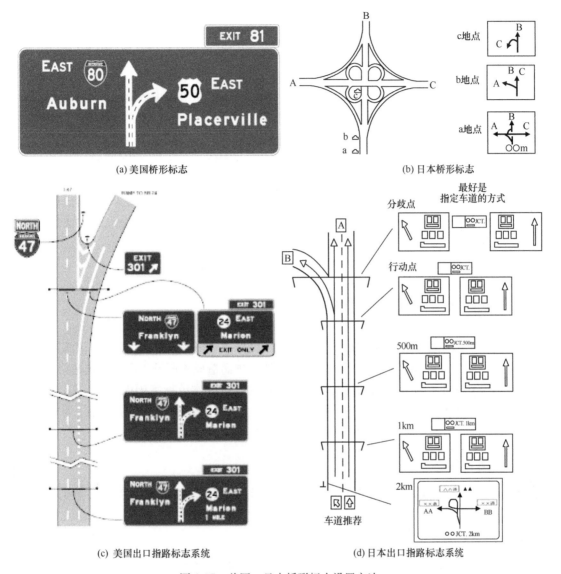

(a) 美国桥形标志　　(b) 日本桥形标志

(c) 美国出口指路标志系统　　(d) 日本出口指路标志系统

图 1-17　美国、日本桥形标志设置方法

围。每块标志不超 2 个城市或街道名，多个标志组合总数不超 3 个，每方向不超 1 个（图 1-18），其尺寸、位置、设置次数、安装方式、版面设计等亦有明确的规定，详见 MUTCD（2009）Part 2. Chapter 2E. Section. 2E. 10。

图 1-18　美国出口标志

《日本道路手册》中规定，每个方向一般不超过2个路名，详见该手册第2.2节。

国外相关标准主要结合其自身发展，针对高速公路、城市快速路指路标志开展相关规范的编写及研究。20世纪50年代起，欧美许多国家已经开始建设四通八达的高速公路，将国内各大城市紧密联系起来。高速公路系统在许多大城市的发展形态演化中起着重要的作用。直至今日城市快速路与这些高速公路形成紧密的联系对城市的形态、布局、社会和文化都产生了深远的影响。相比之下，我国大城市快速路、高速路建设的背景与其他国家，尤其是与欧美发达国家有较大区别。我国快速路与高速公路的建设都是在大城市已经形成一定道路网络系统的基础上进行，与国外的规划主体、系统规划中的问题不一样。其中，快速路与城市市政道路、城市外围公路的衔接应该成为我国快速路系统规划的重点。完全照搬国外立交出口指路标志设置规范并不适合我国国情，应在借鉴国外先进研究指标和方法的同时，结合实际问题寻找适合我国国情的城市快速路出口指路标志系统的优化设置方法。鉴于此，研究将针对预告标志、桥形标志、高架路出口标志这三类标志在国内的实际应用情况进行调研，以挖掘当前存在的关键问题。

## 1.3 我国城市快速路指路标志设置现状

实际上，国家相关标准对城市快速路出口指路标志规范得不完善，使得国内部分城市设计理念不同，部分地区工程应用甚至无据可依；进而造成不同城市间城市快速路指路标志设计的设置版本不同，给交通出行者造成一定的困扰。本节搜集国内12个城市快速路预告标志、桥形标志、高架路出口标志设置现状，并分析当前设计与设置主要存在的问题。

### 1.3.1 预告标志

从表1-1可以看出，各城市快速路出口预告标志，尤其是路段出口并未按照国家相关标准进行规范设计与设置，存在版面设计多样、预告次数及位置不同、预告标志缺失等问题。

我国不同地区快速路预告标志的设置现状　　　　　表1-1

| 地区 | 一级预告标志 | 二级预告标志 | 三级预告标志 | 四级预告标志 |
|---|---|---|---|---|
| 1 北京 |  |  |  |  |
|  |  |  |  | — |

第1章 绪 论

续表

| 地区 | 一级预告标志 | 二级预告标志 | 三级预告标志 | 四级预告标志 |
|------|------------|------------|------------|------------|
| 2 上海 | 下一出口 NEXT EXIT / 宛平南路 WANPING RD(S) 3km | 宛平南路 WANPING RD(S) 出口 EXIT 1km | 宛平南路 WANPING RD(S) 出口 500m | 宛平南路 WANPING RD(S) 出口 EXIT ↗ |
| 3 广州 | 天河立交 广州大道中 / 梅东路 / 环市东路 内环路B线 | — | — | — |
| 4 南京 | 新庄立交 火车站 2km / 龙蟠路 板仓街 / 太平门 花园路 800m 1.5km | 新庄立交 火车站 1.5km / 国展中心 锁金北路 / 30m 锁金村 50m | — | — |
| 5 长沙 | 三一大道 Sanyi Ave / 北二环 2nd Ring Rd(N) | 洪山路 HONGSHAN RD. / 浏阳河洪山大桥 / 北二环 2ND RING RD.(N) | — | — |
| 6 浙江 | 留石路 临平 / 上塘高架 东湖快速路 西溪湿地 下沙 / 石德立交 4km | 留石路 临平 / 上塘高架 东湖快速路 西溪湿地 下沙 / 石德立交 3km | 临平 / 上塘高架 下沙 / 石德立交 500m | — |
| 7 四川 | 桥上出城 / 交大立交入口 / 西华大道 / B 货运大道 / 金牛立交 2km / 羊犀立交 4km | 金牛立交 Jinniu Flyover 2Km | 金牛立交 Jinniu Flyover / 1Km | |
| 8 山东 | S 下一出口 NEXT EXIT / ↑ 经十路 JING SHI RD / 1.2 km | S 下一出口 NEXT EXIT / ↑ 经十路 JING SHI RD / 600m | 经十路 JING SHI RD ↑ / 出口 200m | 经十路 JING SHI RD / 出口 EXIT ↗ |
| | 出口7 / G2 G20 01 / 上海 济南东 Shanghai East Ji'nan 2km ↗ | 出口 / G20 青岛 Qing dao / 上海 Shanghai / 北京 1.5km 济南东 East Ji'nan | 出口7 / G2 G20 01 / 上海 济南东 Shanghai East Ji'nan 1km ↗ | 出口7 / ↑ G20 青岛 Qingdao / 国际机场 / 济南东 上海 East Jinan Shanghai |

13

续表

| 地区 | 一级预告标志 | 二级预告标志 | 三级预告标志 | 四级预告标志 |
|---|---|---|---|---|
| 9 深圳 |  | |  | — |
| 10 天津 |  |  |  | — |
| 11 重庆 |  |  | — | — |
| 12 台湾 |  |  |  | — |

### 1.3.2 桥形标志

搜集各城市快速路桥形标志现状，发现存在名称不同、版面设计不统一、位置设置随意及部分桥形标志图形复杂等问题，如表1-2所示。

我国不同地区桥形标志的使用规范及设置现状　　　表1-2

| 地区 | 名称/位置 | 设置图例 |
|---|---|---|
| 1 北京 | 名称：互通式立交指路标志<br>位置：立交桥出口前500m | |
| 2 上海 | 位置：立交出口前200m | |

续表

| 地区 | 名称/位置 | 设置图例 |
|---|---|---|
| 3 广州 | 名称：象形标志<br>位置：立交出口前 500m | |
| 4 南京 | — | |
| 5 长沙 | 无 | |
| 6 浙江 | 名称：附加图形符号说明的立交指路标志<br>位置：立交桥出口前 500m | |
| 7 四川 | 名称：桥形预告标志<br>位置：立交桥前适当位置 | |
| 8 山东 | — | |

续表

| 地区 | 名称/位置 | 设置图例 |
|---|---|---|
| 9 深圳 | — | 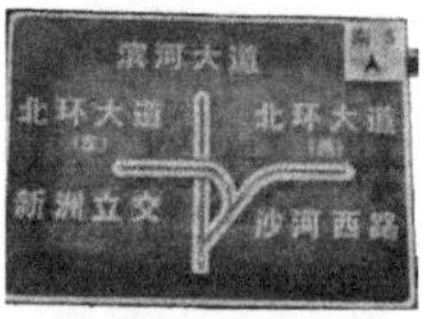 |
| 10 天津 | 名称：桥梁指路标志<br>位置：距立交桥 100～500m |  |
| 11 重庆 | 名称：预告标志牌<br>位置：距立交桥 300～500m | 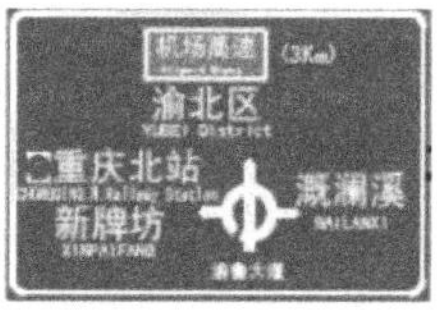 |
| 12 台湾 | — | 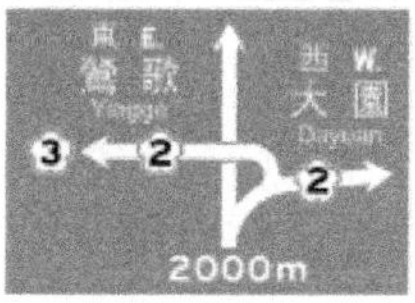 |

### 1.3.3 高架路出口标志

城市快速路中，尤其是高架路出口待指示信息多，出口标志存在版面设计不统一、位置设置随意及信息过载等问题，如表 1-3 所示。

国内不同城市高架路出口标志设置现状　　　　表 1-3

| 地区 | 高架道路 | 出口标志 | 地区 | 高架道路 | 出口标志 |
|---|---|---|---|---|---|
| 1 上海 | 南北高架路 |  | 3 北京 | 阜石路 |  |
| 2 广州 | 华南快速干线 |  | 4 南京 | 应天大街高架路 |  |

续表

| 地区 | 高架道路 | 出口标志 | 地区 | 高架道路 | 出口标志 |
|---|---|---|---|---|---|
| 5 | 沈海高速 |  | — | — | — |

经汇总发现 12 个城市快速路出口三类指路标志的使用均存在不同程度的设计与设置问题，设置不规范、标志缺失、信息过载等现象严重。小部分城市，如北京、上海、南京等城市结合自身特点，在地方标准中对城市快速路指路标志的设置进行规范。大多数城市尚未规范当地城市快速路指路标志设置方法，仅简单借鉴国内外其他大城市的设置方法，使得城市快速路出口指路标志设置效用低下，重要节点出入口区域极易发生交通问题。实际上，城市快速路出口指路标志为道路使用者提供方向选择信息，指路标志的合理设置能够有效引导驾驶人快速驶离主线公路，缓解交通阻滞，加强行车安全。因此，为提升快速路的服务质量及安全运行水平，城市快速路出口指路标志设置效用低下的问题亟待解决。面对当前日益剧增的交通出行、工程实践需求，国内针对城市快速路出口指路标志的优化设计与设置研究亟待开展，相关规范亟待完善。

**本章参考文献**

[1] 中华人民共和国国家质量监督检验检疫总局、中国国家标准化管理委员会. GB 5768.2—2009 道路交通标志和标线第 2 部分：道路交通标志[S]. 北京：中国标准出版社，2009.
[2] 北京市公安局公安交通管理局、北京市质量技术监督局. DB11/T 493.1—2007 道路交通管理设施设置规范. 第 1 部分：道路交通标志[S]. 北京：北京市质量技术监督局，2007.
[3] 北京市交通委员会、北京市交通标准化技术委员会. BJJT/J 111—2016 北京城市快速路指路标志设置指南[S]. 北京，2016.
[4] 赵晓华. 城市快速路指路标志系统效用评估及优化设置方法研究[R]. 北京：北京交通委员会，北京市交通行业科技项目报告(2016-kjc-01-002)，2016.
[5] FHWA. Manual on uniform traffic control devices for streets and highways[R]. U. S. Department of Transportation，2009.
[6] 日本全国道路标识、标示业协会. 道路标识手册[M]. 东京：日本建设省道路局，警察厅交通局，2004：126.

# 第2章 城市快速路指路标志研究概述

本章共四部分，以北京市为例，首先对城市快速路指路标志的概念和功能界定进行系统梳理，包括设置位置和版面设计。然后针对城市快速路指路标志的效用评估和优化方法相关研究进行整理归纳。接着从视觉特征上，总结快速路指路标志的视认特性的相关研究。最后从驾驶人的认知特性进行城市快速路指路标志认知特性的影响性研究综述。

## 2.1 城市快速路指路标志概念及功能界定

### 2.1.1 预告标志

**1. 出口预告标志**

设置位置：设置于距第×号出口减速车道的渐变段起点2km、1km、500m和起点处。条件受限时，出口预告标志之间距离可适当缩短，两级预告标志间距离最小值一般为80m，极限最小值应大于50m。每个出口预告次数不应少于2次，且减速车道渐变段起点处必须设置出口预告标志。

支撑形式：可采用单悬臂式、门式或附着式标志结构。当条件受限时，可采用单柱式标志结构，在中央分隔带及路侧重复设置。

版面内容：前方出口相交道路名称（或道路编号）及其通达信息、箭头、距离及出口编号。其中相交道路名称（或道路编号）为主信息。二环路至五环路的环路出口可采用节点桥名为辅助信息；其余出口采用相交道路所通达的道路及地点为辅助信息。

版面形式：见图2-1。

(a) 单悬臂式、门式或附着式

(b) 单柱式

图2-1 出口预告标志示例

注：① 版面中的道路信息为一般国道及国家级高速公路时，采用道路编号；版面中的道路信息为省级高速公路及国道高速段时，采用道路简称和道路编号双标识，其中道路编号在道路简称的左侧；其他道路信息采用道路名称。

② 主信息应中英文对照；辅助信息应加括号。

③ 图 2-1（a）版面适用于单悬臂、门式或附着式标志结构；图 2-1（b）版面适用于单柱式标志结构。

**2. 多出口预告标志**

当前方连续几个出口距离较近时，可设置多出口预告标志对前方多个出口进行组合预告。

支撑形式：可采用单悬臂式、门式或附着式标志结构。

版面形式：当多出口预告标志采用多个版面组合时，各版面的排列顺序应按出口位置由近及远、自右至左排列。同时，指示最近出口的版面中箭头在通达信息的右侧，其余版面箭头在通达信息的左侧，见图 2-2。

图 2-2　多出口预告标志示例

**3. 桥形标志**

桥形标志用于预告前方出口的立交形式及各个通达方向。

设置位置：设置于与环路相交节点出口减速车道的渐变段起点处，与其他道路相交的节点视其立交的复杂程度可设置桥形标志。桥形标志可替代设置于减速车道渐变段起点的出口预告标志。

支撑形式：可采用门式、单悬臂式或附着式标志结构。

版面内容：包括直行方向路名、直行通达信息、左右转通达信息、本地名、方位标识及桥形图案。

版面形式：见图 2-3。

图 2-3　桥形标志示例

注：① 版面中的道路信息为一般国道及国家级高速公路时，采用道路编号；版面中的道路信息为省级高速公路及国道高速段时，采用道路简称和道路编号双标识，其中道路编号在道路简称的左侧；其他道路信息采用道路名称。

② 直行方向路名，采用附着版面，附着于标志左上角，版面颜色为白底、蓝字、蓝边框，道路名称采用中英文对照，版面中增加直行方向标识。

③ 主信息应中英文对照；辅助信息应加括号。

④ 直行通达信息：应突出相交环路信息，其中：

出京方向：二环路至五环路段，主信息为下一相交环路名称（辅助信息为环路桥名）或通达重要地点（如"北京西站"）。五环路以外路段，主信息为下一相交环路名称及道路远端信息。

进京方向：主信息为下一相交环路名称（辅助信息为环路桥名）或通达重要地点（如"北京西站"）。

⑤ 左右转通达信息：

二环路、三环路、四环路：主信息为相交环路名称；辅助信息为其通达的节点桥名。

五环路：主信息为相交环路名称；辅助信息为其通达的最近主要道路名称（高速公路、快速路、国道）。

六环路：主信息为相交环路名称；辅助信息为其通达的最近区县名称。

其余道路：主信息为相交道路名称；辅助信息为其通达的道路或地点名称。

⑥ 本地名：采用出口立交桥桥名。

⑦ 方向标识：应包括直行方向及左右转方向信息。

⑧ 桥形图案：应与立交桥出口匝道走向一致。复杂立交需单独设计。

⑨ 版面中一个方向需提示的主信息数量超过两个时，可省略辅助信息及英文。

## 2.1.2 告知标志

**1. 出口标志**

出口标志用于指示城市快速路出口，每个出口处均应设置出口标志。

设置位置：设置于出口三角带分流点端头。

支撑形式：采用单柱式标志结构。在条件允许的情况下，环路节点立交及重要地点出口标志支撑形式宜采用双悬式。

版面内容：应包括指向信息、出口编号及箭头，其中指向信息应与出口预告及桥形标志衔接一致。

版面形式：见图2-4。

(a) 单柱式

(b) 双悬式

图2-4 出口标志示例

注：① 版面中的道路信息为一般国道及国家级高速公路时，采用道路编号；版面中的道路信息为省级高速公路及国道高速段时，采用道路简称和道路编号双标识，其中道路编号在道路简称的左侧；其他道路信息采用道路名称。

② 图 2-4（a）版面适用于单柱式标志结构；图 2-4（b）版面适用于双悬式标志结构。左侧版面内容为直行方向通达信息、箭头及方向标识；右侧版面内容为出口方向通达信息、箭头及出口编号。

③ 主信息应中英文对照；辅助信息应加括号。

**2. 地点方向标志**

地点方向标志用于指示不同匝道的行驶方向。

设置位置：设置于立交匝道分流点三角带处。

支撑形式：采用双悬式标志结构。

版面内容：包括指向信息、箭头、方向标识及出口编号，其中指向信息应与出口标志一致。

版面形式：见图 2-5。

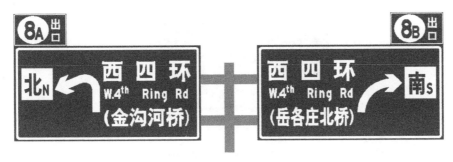

图 2-5　地点方向标志示例

注：①版面中的道路信息为一般国道及国家级高速公路时，采用道路编号；版面中的道路信息为省级高速公路及国道高速段时，采用道路简称和道路编号双标识，其中道路编号在道路简称的左侧；其他道路信息采用道路名称。

② 主信息应中英文对照；辅助信息应加括号。

### 2.1.3　确认标志

**1. 入口标志**

入口标志用于指示车辆所驶入的道路名称及通达方向。

设置位置：设置于入口匝道终点处。

支撑形式：采用单柱式标志结构。

版面内容：包括道路名称、箭头、通达方向信息及"入口"。

版面形式：见图 2-6。

注：① 道路名称信息采用中英文对照。

② 通达方向信息应加括号，通达方向信息的选取：

五环内：选取下一相交环路名称，如"西三环方向"。

五环外：进京为五环路名称，如"西五环方向"；出京为道路远端

图 2-6　入口标志示例

信息,如"门头沟方向"。

**2. 地点距离标志**

地点距离标志用于预告前方所能达到的重要地点及其距离。

设置位置:设置于道路起点,及沿线各环路立交节点入口加速车道终点后100~500m处适当位置。

支撑形式:可采用门式、单悬臂式或附着式标志结构。

版面内容:应包括道路前方两个或多个重要节点信息及其距离。

版面形式:见图2-7。

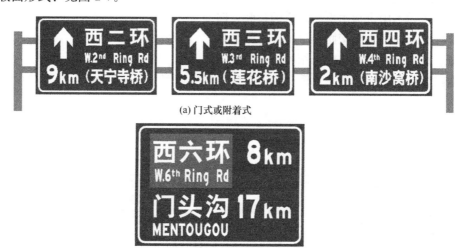

图2-7 地点距离标志示例

注:① 信息排列方式:采用单版面发布时,重要节点信息的排列顺序应由近及远、从上至下排列;采用多版面发布时,重要节点信息的排列顺序应由近及远、从右至左排列。

② 道路前方重要节点信息的选取:

相交道路信息:环路、国道、高速公路。其中道路信息为一般国道及国家级高速公路时,采用道路编号;版面中的道路信息为省级高速公路及国道高速段时,采用道路简称和道路编号双标识,其中道路编号在道路简称的左侧;其他道路信息采用道路名称。

重要地区名称及重要场所:区县名称(五环外)、火车站、机场等;

旅游景区:AAAA级(含)以上旅游景区。

③ 图2-7(a)版面适用于门式或附着式标志结构;图2-7(b)版面适用于单悬式或附着式标志结构。

## 2.2 标志设置效用评估及优化方法研究

对于城市快速路出口指路标志的评估优化,国内外研究者采用不同研究手段展开了大量的研究工作。

当前,国内主要借助理论分析、数学模型等静态研究手段开展相关研究。

(1) 理论分析方法

大部分学者结合快速路指路标志案例分析，提出相应的改进措施及指路标志的设置方法。如 2012 年，蒋震专门针对区域干线公路网特殊的、复杂的路网环境，重点分析了指路标志信息需求，版面设置要求，并基于行驶安全，提出在入口匝道终点处与出口匝道终点处的标志设置方案。一部分学者借助系统分析方法，提出指路标志设置原则。2005 年，佘文晟在分析环线路网复杂的基础上，利用信息科学理论和系统化的方法，对环城高速公路的交通标志进行系统化，并简单提到互通立交这一环线要素的指路标志数量、顺序等设置方式。2007 年，吴海刚等人针对绕城高速公路问题，提出信息分级、服务对象筛选、颜色区分等解决方法，建立了指路标志信息选用技术准则，部分涉及立交单元指路信息的分类。还有部分学者通过借鉴国外设计设置经验，提出相应整改对策。如 2010 年，徐洪亮在针对重庆地区人和立交指路标志设置不合理问题，通过借鉴北京和美国指路标志的设计与使用特点，提出了重庆地区人和立交指路标志的整改对策。

(2) 数学建模方法

2006 年，李爱增从驾驶心理学的角度，利用概率论方法得到了城市快速路出口标志位置设置前置距离 D 的理论模型，最后进行实例计算得到不同设计车速下出口标志设置的前置距离。2008 年，康凯基于驾驶人视觉特征和信息传递的条件的分析的基础上，运用数学模型，得出了交通标志设置应该满足的要求。2013 年，林清艳基于交通地理信息系统中道路数据模型的现状，提出面向指路标志定位的立交桥数据模型，为科学合理确定立交指路标志位置提供了一个较为新颖的解决思路。

(3) 问卷调查及室内实验

部分学者借助室内实验或问卷调查，获取驾驶人的视觉数据及主观感知数据，进行标志设置效用分析。如 2007 年，陈国龙针对普通公路，结合实车实验，对指路标志系统信息可用性进行模糊综合评价。2011 年，李雪基于容错理念运用室内试验与实地问卷评估方法，基于人机工程学对指路标志清晰性、可读性及设置性等容错效率指标进行模糊综合评价。

美国、英国、德国和日本等发达国家对指路标志的研究较早，尤其针对快速路或高速路节点区域指路标志效用研究较为详细，研究手段也更为精确。

(1) 实地测试实验

如 1970 年，Johansson 和 Backlund 通过现场试验，发现驾驶人对沿线标志的注意率不超过 50%，认为道路标志系统没有起到预想的作用，并研究了考虑到驾驶人不同的社会和心理特征，研究了交通标志在不同速度下的可视性和驾驶人的识别能力。1976 年，Lunenfeld 等人就已经开始根据人们需求，针对 MUTCD 的不足，利用调查资料、实地测量结果及实验评估来研究立交匝道处的标志设置。1992 年 Lum 等人针对菱形立交进行交通信号模拟仿真。2007 年，Chrysler 等人利用室内视认、驾驶模拟、现场实验手段开展驾驶人对城市快速路图形指路标志理解的研究项目，为 MUTCD 的完善提供科学依据。

(2) 驾驶模拟实验

国外借助驾驶模拟实验，开展了大量指路标志效用评估及优化设计研究。如 2007、2009 年，Finley 等人针对实地调研发现城市立交的问题，利用模拟实验，结合驾驶人的行为路径、问卷结果的效果评估，从效益成本角度对高速立交的匝道指路标志标线进行优化设置。2011年，Qiao针对美国高速公路诱导标志的信息容量进行模拟实验；从驾驶人承受能力角度，通过实验测试寻找诱导标志优化设置位置。

对比国内外的研究方法，发现国内研究较多地采用理论分析、数学模型、室内实验、问卷调查等定性研究手段，对静态数据进行简单的影响分析与效用评价。相对而言，国外研究较多，同时大多从人机工程学角度，以驾驶模拟实验、现场实验、室内实验等定量研究方法作为主要的评估研究手段，通过获取驾驶行为、心理特征、视认特性等动态数据，精细化分析指路标志对驾驶人的影响，并结合运行状态、操控行为指标，全面化研究与评估标志设置效用。

实际中，西方国家尤其是美国，在指路标志效用评估及优化方法层面十分严谨。在研究成果形成规范前，须对指路标志进行全面、系统化研究，依次进行问卷调查、认知实验、驾驶模拟、实验场测试及真实道路测试，见图2-8。同国外相比，我国主要基于问卷调研、国外规范借鉴、应用经验评估、专家评审等定性化方式，制定标志设计设置相关规范。为提升我国现有研究及规范水平，有效解决三类标志优化设计与设置问题，有必要突破以往指路标志经验式评估优化方式，开展基于驾驶人动态行为数据的定量化快速路指路标志效用评估及优化研究。

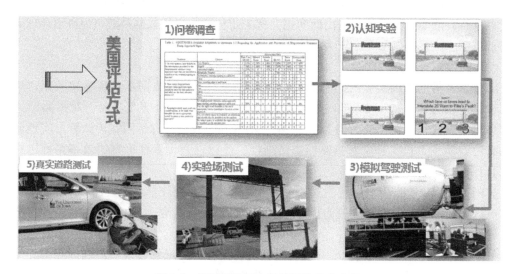

图2-8　美国指路标志效用评估优化流程

## 2.3　城市快速路指路标志的视认特性研究

针对城市快速路指路标志视认特性方面的研究，国内普遍采用室内视认实验的手段获取相关视认数据，而国外除室内视认实验外还结合现场视认数据开展视认特性分析。

（1）国内研究

1999年，杨久龄等人在《道路交通标志和标线应用指南》中指出根据信息数量的不同，交通人在驾驶时对交通标志传递的信息的合理接收时间为1.5～4.1s。2001年刘浩学发现在理解交通标志时，多义性无形中增加了标志的理解难度。2003年，吴文祥将一个用于分析两条路径网络中信息对交通行为影响的工作推广至一般平行路径结构的交通网络中，建立了随机均衡和确定性均衡两种分配模型。2005年，隽志才从认知心理的角度研究了驾驶人对交通标志的视认性，建立了基于认知心理学的驾驶人信息处理过程的概念模型，总结了影响交通标志视认性的两类因素——驾驶人因素和交通标志物理因素。2006年，伍速锋从交通信息在减少出行选择不确定性的角度，构建了定量计算交通信息效用的模型。2008年，杜志刚发现指路标志视认的一般规律：当路名数为2~7个时，视认反应时间不超过2.5s，且与指路标志路名数呈显著线性正相关；目标路名标志视认时间明显小于非目标路名标志的，平均差值为0.52s。黄凯研究了汉字字体、宽高比、笔画粗细、笔画数、字频对汉字视认的影响。2009年，唐琤琤等人在《道路交通标志和标线手册》中指出在接收信息时，信息的易于理解程度决定着它的接收难度。

(2) 国外研究

美国从1930年开始对不同字体和字高、反光性能、颜色和亮度、白天和夜间不同时段的交通标志视认性进行了一系列研究，给出了文字设计要求，并开发了专门用于高速公路指路标志的字体，成果被美国MUTCD所吸纳。Shannon于1948年第一次将热力学的熵引入信息论，提出了"信息熵"的概念，利用数学语言阐明了概率与信息冗余度的关系，解决了对信息的量化度量问题。2004年Chrysler对比发现室内限制标志图片出现时间的PPT放映方法与室内车辆驾驶模拟方法、交通现场视频放映方法评价标志理解水平的实验结果相近，得出限制标志图片出现时间的PPT放映方法在研究交通标志传递的信息质量时较为经济、可靠。2007年，Chrysler等人再次利用室内视认、驾驶模拟、现场实验手段开展驾驶人对城市快速路图形指路标志理解的研究项目，结合驾驶人在外场驾驶时对标志的视认特性分析图形指路标志对驾驶人影响及指路效用。1972年美国国家公路交通安全管理局（NHTSA）通过开展实验展示了一系列采用不同视角绘制的立交桥示意图形，并比较了基于这些图形设计的指路标志的效果。2008年，Gary等人以标准图形、加强图形、改进图形、加强改进图形、车道箭头图形为对比，通过对不同年龄驾驶人对图形的视认情况的对比，提出图形选择和改进方面的建议。2011年，Smahel和Smiley通过实验得出纵向排列的信息比横向排列的信息更加易于接收的结论。

## 2.4 城市快速路指路标志的认知研究

### 2.4.1 驾驶人对指路标志的认知研究综述

驾驶人行驶时对指路标志认知过程包括觉察—识别—认读理解—决策—动作5个环节。可见，标志认知对于标志效用有很大的影响。相较国外直接基于驾驶行为的标志效用研究，国内更多是通过标志认知研究，间接判断标志的效用。国内研究以文字指路标志为对象，从标志自身属性因素，如版面尺寸、照明方式、字体样式、字体高度、字符数量等，对视认特性和视认效果进行研究。

美国从1930年开始对不同字体和字高、反光性能、颜色和亮度、白天和夜间不同时段的交通标志视认性进行了一系列研究，给出了文字设计要求，并开发了专门用于高速公路指路标志的字体，成果被美国MUTCD所吸纳。日本土木研究所通过实验和调查建立了标志判读距离与文字有效字高的数学模型和文字有效字高度修正系数，最后建立了文字字高与标志设置位置的数学模型关系，为设计规范提供了依据。

1990年我国交通部公路科学研究院承担国家"七五"攻关项目"高速公路标志汉字视认性及标志形式的研究"，研究了汉字的字体、字高、笔画粗、高宽比、字间距、行间距等对标志易读性和视认性的影响，该项目的研究成果为《道路交通标志标线》GB 5768—1999的修订提供了依据。

1996年赵炳强也从视觉功效学出发，对交通标志颜色编码、形状编码以及交通标志的符号、文字和数字视认进行了研究，并提出确保视认性和行车安全的标志设置原则。

2000年刘喜平等对交通标志的形状、颜色、图案、文字以及标志版面的尺寸、反光材料的选择方面进行分析，指出了我国高速公路标志版面设计中存在的问题，并提出了较为合理的标志版面设计方法。

2003年刘西将标志信息获取过程与广义通信系统模型相类比，建立了道路交通标志的信息传输模型。

2006年曹鹏利用信息论也建立了交通标志的信息传输模型，并运用信息熵方法将标志信息量进行量化，该信息度量方法可以有效地衡量标志的设计质量，有助于设计人员从认知角度出发，改善交通标志的功效性。

2008年杜志刚运用眼动仪，在室内静态模拟实验的基础上分析了交通指路标志信息量与视认反应时间的定量关系，对比了目标路名指路标志与非目标路名指路标志视认性。结果发现：指路标志的路名数与视认反应时间呈显著线形正相关，目标路名标志视认时间明显小于非目标路名，指路标志路名数以不超过5个为宜。

2009年长安大学的王建军从信息论和驾驶人视认心理角度出发，通过静态标志视认实验的方法得出了标志信息量过载阈值为6条，信息密度阈值为18条/km的结论。

2018年西南交通大学赵淑婷运用After Effects视频软件和E-Prime心理学软件，模拟驾驶人在驾驶过程中，视野中的交通标志牌由远及近的过程，得出信息量阈值为7条，通过交通标志密度阈值实验，得到合理的信息密度阈值为38条/km，对设置不合理的交通标志给出了建议布设间距。

实际上，除了信息条目，文字指路标志的信息形式、布局组合和设置位置等对标志的理解和驾驶预期有着重要影响，信息的布局和显示方法与认知效率是有密切关系的。Yung-Ching Liu建议当道路标志上的信息过多时，可以使用纵向信息分解的方式；梁红彦研究了绕城高速公路高信息量指路标志分版面设计的效果；崔正虎等人研究了城市道路指标版面布局形式对驾驶人认知的影响进而优化版面设计；2018年北京工业大学许亚琛通过室内视认实验，以信息量及信息在指路标志内的位置为控制因素，以标志视认时间为指标，确定信息量及视认时间，以及信息量、版面布局方式及视认时间两个关系模型，当信息布局方式的变化会引起信息量范围的变化，当信息以矩阵式排列时，可增大信息量的极限范围。

### 2.4.2 桥形标志复杂度对驾驶人脑电认知特性的影响机理

桥形标志用于直观描述高速公路或快速路立交桥区域各匝道走向，在世界范围内应用广泛。随着交通出行需求的增加，高速公路或快速路立体交叉形式逐渐复杂、出口增多，导致部分桥形标志形式过于复杂，国内情况尤其突出。有研究表明，复杂桥形标志易使驾驶人在行驶过程中认读困难，影响行车安全、降低出行效率。然而，我国已有研究针对高速公路、快速路预告标志较多，有关桥形标志设计设置的规范指南不够充分，缺乏桥形标志复杂度的具体设计要求。为提升现有复杂桥形标志的设置效用，提升其规范性和科学性，有必要挖掘桥形标志对驾驶人认知过程的影响机理，进而为进一步实现桥形标志的优化设置奠定基础。

实际上，驾驶人对交通标志的认知过程分为三个阶段，信息认读、感知决策及行为表现。信息认读和行为表现阶段反映的是驾驶人外在显性特性，表征驾驶人通过视觉、操控行为变化以适应自身对交通环境的需求。而感知决策阶段作为隐形特性是驾驶人对外部环境综合感知基础上的决策反应，主要表征驾驶人的脑神经活动，反映驾驶人内在隐性特性和脑部认知微观变化，大多借助事件相关电位（ERP）、脑电波（EEG）、功能核磁共振（FMRI）等技术开展研究，以阐明认知活动的脑机制。其中 ERP 技术的时间分辨率最高，能够有效捕捉被试人员在短时间内的脑电活动特征，采集 ERP 成分用于解析被试人员的认知加工过程。

当前，研究人员大多采用驾驶人的视认及行为特性剖析标志对于驾驶人的作用机理，借助室内视认静态实验以及驾驶模拟动态测试等技术开展了大量的研究工作，但针对交通标志对驾驶人脑电认知特性的影响研究不够系统和充分，特别是针对桥形标志这一特殊标志对于驾驶人脑电特性的分析尚无相关研究。吕能超等人采用脑电技术研究了不同信息量的交通标志对驾驶人工作负荷的影响，结果表明两者呈高度正相关关系；关伟通过脑电实验研究交通标志对驾驶人信息转换过程的影响，发现交通标志的设置能够有效地提高驾驶人对弯道信息的获取速度及准确度；Liu 等人借助 ERP 技术研究交通标志背景颜色，发现背景与前景颜色的对比度影响驾驶人认知加工难度，且标志内容复杂度与认知加工速度有关；何文强基于被试人员的瞳孔大小、速度和油门深度、脑电波 $\alpha/\beta$ 值，探究互通区指路标志与驾驶人情境意识之间的关系，建立了高速公路驾驶人情境意识模型。

综上所述，部分学者已经利用脑电信号研究交通标志的信息感知问题，并取得重要的理论结论。然而，有关桥形标的研究较少且主要停留在对驾驶人的视认及行为等显性特性的分析，缺乏桥形标志复杂度对驾驶人感知决策方面的隐性特征解读。本书将借助 ERP 提取技术，针对不同复杂度桥形标志的脑电认知开展实验测试，挖掘不同复杂度桥形标志的认知机制，明确复杂桥形标志对驾驶人认知决策的影响规律及特征，为进一步开展复杂桥形标志优化设计、提高其设置效能提供理论依据，也为解析标志对于驾驶人的内在作用规律奠定理论基础。

**本章参考文献**

[1] 北京市交通委员会、北京市交通标准化技术委员会. BJJT/J 0040—2019 北京城市快速路指路标志设置指南[S]. 北京，2016.
[2] 徐学敏. 环城高速公路交通标志的设置[J]. 公路交通科技，2003，20(z1).
[3] 舒文军. 城市快速路的标志牌设置[J]. 中外公路，2004，24(4)：184-186.

[4] 张立, 杨世捷. 城市环线交通标志设计探讨[J]. 中南公路工程, 2003, 28(1): 45-47.
[5] 蒋震, 区域干线公路网指路标志系统现状及改善研究[D]. 西安: 长安大学, 2012.
[6] 佘文晟. 环城高速公路交通标志的信息化及设置研究[D]. 成都: 西南交通大学, 2005.
[7] 吴海刚, 魏华, 李聪颖. 绕城高速公路指路标志信息设计方法探讨[J]. 公路, 2007, 7: 026.
[8] 王永清, 丁明. 城市快速路指路引导标志的设置研究[J]. 交通标准化, 2010 (21): 142-144.
[9] 陈明磊, 吴湛坤. 美国高速公路简图指路标志设计研究[J]. 中外公路, 2012, 32(2): 268-271.
[10] 徐洪亮, 唐伯明, 张太雄. 重庆人和立交指路标志问题分析及整改对策[J]. 公路, 2010, 11: 33.
[11] 李爱增, 李文权, 王炜. 城市快速路出口标志位置设置研究[J]. 交通运输系统工程与信息, 2006, 6(5): 36-41.
[12] 康凯, 高伟江. 基于视觉特征和信息传递的高等级公路交通标志设置有效性分析[J]. 佳木斯大学学报, 2008, 26(6).
[13] 林清艳. 面向指路标志定位的立交桥数据模型[C]//第十四届华东六省一市测绘学会学术交流会论文集, 2012-06-20.
[14] 陈国龙. 公路交通指路标志信息可用性研究与评价[D]. 长春: 吉林大学, 2007.
[15] 李雪. 基于容错理念的快速路指路标志设置方法研究[D]. 哈尔滨: 哈尔滨工业大学, 2011.
[16] JOHANSSON G, BACKLUND F. Drivers and road signs[J]. Ergonomics, 1970, 13(6): 749-759.
[17] LUNENFELD H, ALEXANDER G J. Signing treatments for interchange lane drops[J]. Transportation Research Record, 1976 (600).
[18] LUM K M, LEE C E. Actuated traffic signal control at diamond interchange[J]. Journal of Transportation Engineering, 1992, 118(3): 410-429.
[19] CHRYSLER S T, WRIGHT J, WILLIAMS A. 3D Visualization as a Tool to Evaluate Sign Comprehension[R]. Texas: Texas Transportation Institute, 2004.
[20] UPCHURCH, J., FISHER, D., WARAICH, B. Guide signing for two-lane exits with an option lane: Evaluation of human factors[J]. Transportation Research Record: Journal of the Transportation Research Board, 2005, (1918), 35-45. doi: 10.3141/1918-05.
[21] QIAO, F., LIU, X., YU, L. Using Driving Simulator for Advance Placement of Guide Sign Design for Exits along Highways[C]//In Proceedings of the Driving Simulator Conference (DSC) 2007 North America in Iowa City (pp. 12-14).
[22] FITZPATRICK K, CHRYSLER ST, NELSON AA, et al. Driving simulator study of signing for complex interchanges[C]//Transportation Research Board 92nd Annual Meeting. 2013 (13~1682).
[23] FINLEY M D, PIKE A M, KNAPP K K, et al. Studies to improve temporary traffic control at urban freeway interchanges and pavement marking material selection in work zones[R]. Texas Transportation Institute, Texas A & M University System, 2008.
[24] FINLEY M D, CHRYSLER S T, TROUT N D, et al. Guidelines for the use of pavement marking symbols at freeway interchanges: final report[R]. Texas Transportation Institute, Texas A&M University System, 2010.
[25] QIAO F, ZHANG R, YU L. Using NASA-task load index to assess drivers' workload on freeway guide sign structures[C]//11th International Conference of Chinese Transportation Professionals (ICCTP). 2011.
[26] 杨久龄, 刘会学. GB 5768—1999《道路交通标志和标线》应用指南[M]. 中国标准出版社, 1999.
[27] 刘浩学. 公路交叉口交通标志设置的工效学分析[J]. 交通运输工程学报, 2001(3): 100-103.

[28] 吴文祥，黄海军．平行路径网络中信息对交通行为的影响研究[J]．管理科学学报，2003(2)：15-19．

[29] 隽志才，曹鹏，吴文静．基于视认心理学的驾驶人交通标志视认性理论分析[J]．中国安全科学学报，2005，15(8)：8-11．

[30] 伍速锋．交通信息效用解析研究[D]．上海：同济大学，2006．

[31] 杜志刚，潘晓东，郭雪斌．交通指路标志信息量与认知性关系[J]．交通运输工程学报，2008，8(1)：118-122．

[32] 黄凯．交通指路标志极限信息量及汉字字高模型研究[D]．北京：交通部公路科学研究院，2008．

[33] 唐琤琤，侯德藻，姜明．道路交通标志和标线手册[M]．北京：人民交通出版社，2009：34-35．

[34] Mitchell A，Forbes，T. W. Design of Sign Letter Sizes[C]// Proceedings of the American Society of Civil Engineers. Washington D. C：Transportation Research Board of the National Academies1942：479-486．

[35] Shannon C E. A Mathematical Theory of Communication [J]. The Bell System Technical Journal. 1948，27：379-423．

[36] Chrysler S T，Wright J，Williams A. 3D Visualization as a Tool to Evaluate Sign Comprehension [R]. Texas：Texas Transportation Institute，2004．

[37] Chrysler S T，Williams A A，Funkhouser D S，Holich A J，Brewer M A. Driver comprehension of diagrammatic freeway guide signs[R]. No. FHWA/TX-07/0-5147-1. United States. Federal Highway Administration. Texas Transportation Institute. 2007．

[38] Eberhard J W，Berger W G. Criteria For Design and Deployment of Advanced Graphic Guide Signs [J]. Highway Research Record，1972．

[39] Gary Golembiewski Bryan J. Katz. Diagrammatic Freeway Guide Sign Design Final Report[R]. McLean：Science Applications International Corporation Turner-Fairbank Highway Research Center，2008．

[40] Smahel T，Smiley A. Evaluation of bilingual sign layout and information load prior to implementation of new signing system [J]. Transportation Research Record：Journal of the Transportation Research Board，2011，2248(5)：37-44．

[41] 朱祖祥，葛列众，张智君．工程心理学[M]．北京：人民教育出版社，1999：109．

[42] Mitchell A，Forbes，T. W. Design of Sign Letter Sizes[C]// Proceedings of the American Society of Civil Engineers. Washington D. C：Transportation Research Board of the National Academies1942：479-486．

[43] 交通运输部公路科学研究院．高速公路标志汉字视认性及标志形式的研究[R]．国家七五攻关课题，1992．

[44] 赵炳强，桑有亚．交通标志设计中若干视觉工效问题[J]．人类工效学．1996，2(4)，58-60．

[45] 刘喜平，张于良，靳航．高速公路交通标志版面设计[J]．山西交通科技，2000(3)：48-50．

[46] 刘西，张侃．道路交通标志的量化评价方法[J]．人类工效学，2003，(4)：23-26．

[47] 曹鹏，吴文静，隽志才．基于信息度量的交通标志视认性研究[J]．公路交通科技．2006，23(9)：118-121．

[48] 杜志刚，潘晓东，郭雪斌．交通指路标志信息量与视认性关系[J]．交通运输工程学报，2008，(1)．

[49] 王建军，王娟，吴海刚．道路交通标志信息过载阈值研究[J]．公路，2009(4)，174-180．

［50］ 赵淑婷. 城市主干路交通标志版面信息量阈值和密度阈值研究［D］. 成都：西南交通大学，2018.

［51］ Annie W. Y. Ng and Alan H. S. Chan，Cognitive Design Features on Traffic Signs［J］. Engineering Letters，2007，8：2-12.

［52］ David Shinar，Roberte. Dewar，Heikki Summala and Lidia Zakowska. Traffic sign symbol comprehension: a cross-cultural study［J］. ERGONOMICS，2003，46(15)：1549－1565.

［53］ LiuBohua，Sun Lishan，Rong Jian. Analysis on the Influence of Traffic Guide Sign Information to Driving Behavior［J］. ICCTP 2011.

［54］ Yung-Ching Liu. A simulated study on the effects of information volume on traffic signs, viewing strategies and sign familiarity upon driver's visual search performance［J］. International Journal of Industrial Ergonomics 2005，35：1147－1158.

［55］ 梁红彦. 绕城高速公路指路标志优化设计研究［D］. 西安：长安大学，2014.

［56］ 崔正虎. 城市道路指路标志文字排版方式及信息量对路网空间表征的影响［D］. 杭州：浙江理工大学，2015.

［57］ 赵晓华. 城市快速路指路标志系统效用评估及优化设置方法研究［R］. 北京：北京市交通委员会，2016.

［58］ HAKEN H. 大脑工作原理［M］. 上海：上海科技教育出版社. 2000.

［59］ BYRNE M. D，KIRLIK A. Integrated modeling of cognition and the information environment: a closed-loop, ACT-R approach to modeling approach and landing with and without synthetic vision systems (SVS) technology (Technical Report)［R］. Houston, TX：Rice University. 2004.

［60］ 杜志刚，潘晓东，郭雪斌. 高速公路隧道出口交通标志安全距离研究［J］. 公路工程，2008，33(1)：55.

［61］ NEWELL A，SIMON H A. Human problem solving［M］. Englewood Cliffs, NJ：Prentice-Hall，1972.

［62］ ANDERSON J R. The architecture of cognition［M］. New York：Psychology Press，2013.

［63］ SALVUCCI D D. Modeling driver behavior in a cognitive architecture［J］. Human Factors，2006，48(2)：362.

［64］ NEISSER U. Cognitive psychology: Classic edition［M］. New York：Psychology Press，2014.

［65］ BROOKS R A. Intelligence without representation［J］. Artificial Intelligence. 1991，47(1-3)：139.

［66］ 付辉建. 基于脑电信号分析的风险感知研究［D］. 杭州：浙江大学，2016.

［67］ LIU B，WANG Z，SONG G，et al. Cognitive processing of traffic signs in immersive virtual reality environment: An ERP study［J］. Neuroscience Letters，2010，485(1)：43-48.

［68］ GIRAUDET L，IMBERT J P，BÉRENGER M，et al. The neuroergonomic evaluation of human machine interface design in air traffic control using behavioral and EEG/ERP measures［J］. Behavioural Brain Research，2015，294：246.

［69］ 李洋，赵晓华，何庆等. 立交桥图形指路标志视认复杂程度综合评价方法［J］. 北京工业大学学报，2019，45(4)：64.

［70］ CHRYSLER S T，WILLIAMS A A，FUNKHOUSER D S，HOLICH A J，BREWER M A. Driver comprehension of diagrammatic freeway guide signs［R］. No. FHWA/TX-07/0-5147-1. United States. Federal Highway Administration. Texas Transportation Institute. 2007.

［71］ ZWAHLEN H T，RUSS A，ROTH J，et al. Evaluation of the Effectiveness of Ground Mounted Diagrammatic Advance Guide Signs for Freeway Entrance Ramps［J］，Transportation Research Record：

Journal of the Transportation Research Board,2003(1843):70.

[72] Lyu N,Xie L,Wu C,et al. Driver's cognitive workload and driving performance under traffic sign information exposure in complex environments: a case study of the highways in China[J]. International journal of environmental research and public health,2017,14(2):203.

[73] 关伟. 驾驶人对交通标志的视觉信息认知过程实验研究[D]. 北京：北京工业大学，2014.

[74] 何文强. 高速公路互通区指路标志对驾驶人情境意识的影响研究[D]. 福州：福州大学，2018.

# 第 3 章　城市快速路指路系统主观认知及需求调查

本章从城市快速路指路标志系统用户需求特征及立交图形指路标志主观认知特征开展研究，其意义旨在打破设计者为主的传统局面，实施以用户需求为核心的问卷调查，判定调查结果能否响应待解决的关键问题，以验证研究开展的必要性，并试图从信息需求与改进建议层面为后续内容提供研究思路。

## 3.1　城市快速路指路标志系统用户需求特征

本节旨在开展以用户需求为核心的大样本问卷调查，获取驾驶人的日常出行评价、快速路指路标志效用评价以及标志设置建议，挖掘城市快速路指路标志系统需求特征，进而明确研究的必要性，为城市快速路指路标志效用研究的开展奠定科学依据。

### 3.1.1　快速路现状出行评价

通过微信网络平台，针对北京地区城市快速路开展问卷调查，参与问卷调查驾驶人共计 2700 名，排除未完成答卷、恶意答卷等无效答卷后，最终回收有效问卷 2642 份。图 3-1 为微信网络问卷调查示例。研究重点分析驾驶人日常出行中存在的问题、对快速路指路标志的现状评价及标志设置需求三方面内容，以期结合驾驶人宏观、微观的出行感知，获取日常驾驶中对城市快速路指路标志系统的需求特征。

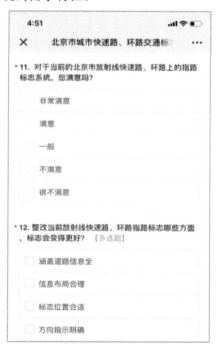

图 3-1　微信网络问卷调查

对驾驶人日常出行进行调查，包括有无走错经历、走错地方、走错原因等进行调查。进行问卷题目统计与分析，结果得出：

（1）81.95%驾驶人有走错经历，如图3-2（a）所示。

（2）走错位置在出口的比例62.36%，主要集中在立交桥出口（35.91%）、快速路主辅路出口（26.45%），如图3-2（b）所示。

（3）做错路的原因中，标志指示不清占最高比例23.03%，其次为未找到相关指路标志占比18.68%，如图3-2（c）所示。

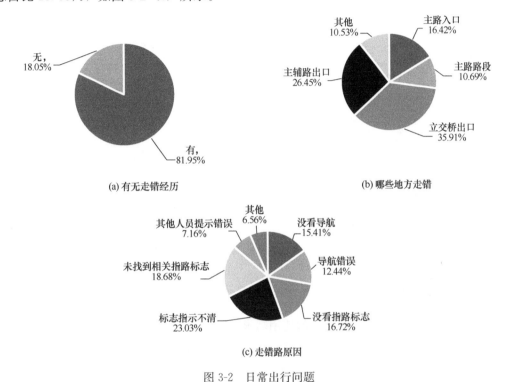

图3-2 日常出行问题

## 3.1.2 快速路标志满意度评价

在驾驶人对指路标志现状评价中，主要包括标志作用、出口标志评价、立交桥指路标志评价以及北京市放射线快速路、环路指路标志系统满意度评价。统计与分析结果得出：

（1）96%对指路标志作用评分8分以上（1~10分，分值越大作用越大），认为指路标志具有重要的作用；58%打10分，认为指路标志非常有用，见图3-3（a）。

（2）对于当前快速路的出口标志能否满足驾驶人使用需要的程度平均分为6.9分（1~10分，分值越大越能满足），尚有25%的人员认为出口标志并不能满足需要，见图3-3（b）。

（3）图3-3（c）显示立交桥指路标志能否满足驾驶人使用需要的程度平均分为6.43分（1~10分，分值越大越能满足），仅有52%认为立交桥指路标志能满足需求。

（4）图3-3（d）显示，驾驶人对北京市城市快速指路标志系统的满意、非常满意占比为46.97%，45.93%为一般，7.1%为不满意、很不满意。

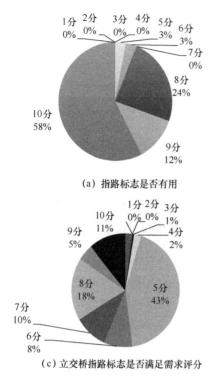
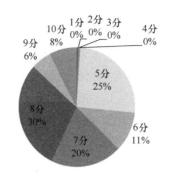
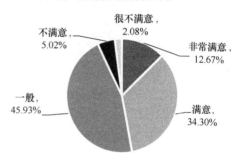

(a) 指路标志是否有用　　(b) 出口标志是否满足需求评分

(c) 立交桥指路标志是否满足需求评分　　(d) 指路标志系统满意比例

图 3-3　标志满意度评价

## 3.1.3 快速路标志使用需求

为获取驾驶人对快速路指路标志的使用需求，问卷设置待改善出口、标志优先改进因素及三类指路标志改进意见等题目，经分析获得以下结果：

（1）71.71%人员认为应重点在快速路立交桥出口、快速路主辅路出口进行指路标志改善，见图 3-4（a）。

（2）在指路标志众多设计设置因素中，驾驶人认为应优先改进指路标志方向信息（17.57%）及设置位置（17.46%），其次为连续提醒（13.28%）、距离明确（13.15%）、信息全面（13.13%），见图 3-4（b）。

### 3.1.3.1 预告标志

对于立交出口预告标志合理设置次数，53%的驾驶人认为应设置 3 次，其次为 2 次（30%），见图 3-5（a）、（b）。

对于路段出口预告标志合理设置次数，54%的驾驶人认为应设置 2 次，其次为设置 3 次（21%）、设置 2 次（20%），见图 3-5（c）、（d）。

### 3.1.3.2 桥形标志

驾驶人对 6 种桥形标志的复杂程度及难以忍受程度排序结果一致，表明桥形标志越复杂将使得驾驶人越难以忍受，见图 3-6。

驾驶人认为遇到复杂桥形标时，首先会影响他们增加视认时间、行驶速度降低，其次为延迟换车道时间、感觉紧张等，见图 3-7。

第3章 城市快速路指路系统主观认知及需求调查

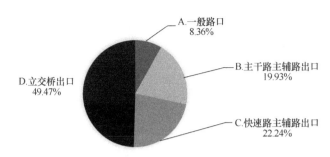

(a) 需重点改善的指路标志出口类型

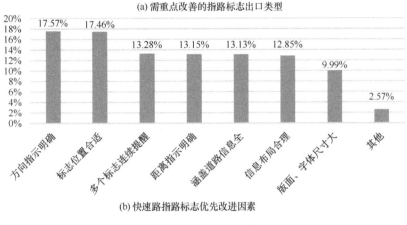

(b) 快速路指路标志优先改进因素

图 3-4 标志改善建议

(a) 立交出口预告标志

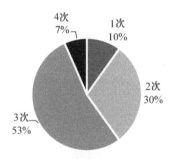

(b) 合理设置次数

(c) 路段出口预告标志

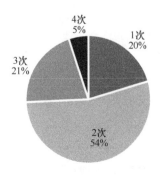

(d) 合理设置次数

图 3-5 预告标志改善建议

35

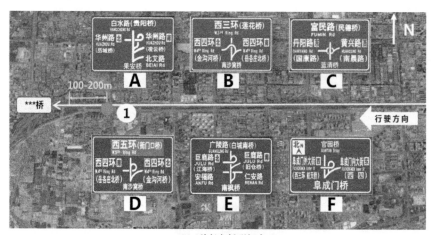

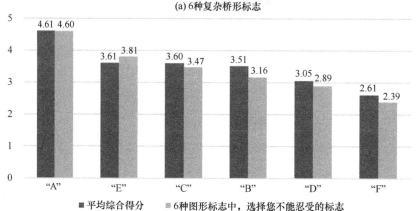

(a) 6种复杂桥形标志

(b) 6种桥形标志复杂程度及难以忍受度排序结果（分值越大越复杂）

图 3-6　6种复杂桥形标志打分情况

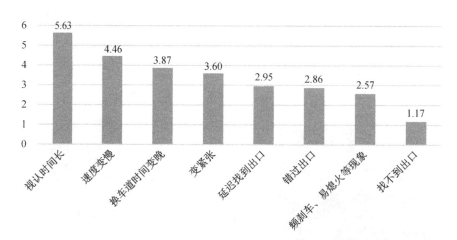

图 3-7　复杂桥形标志的影响因素排序（影响由大到小）

驾驶人认为将复杂桥形标的优化设置方法，应优先进行提前设置，其次为图形分解、配合标线，重复设置、取消该类标志选项得分较低，见图3-8。

# 第3章 城市快速路指路系统主观认知及需求调查

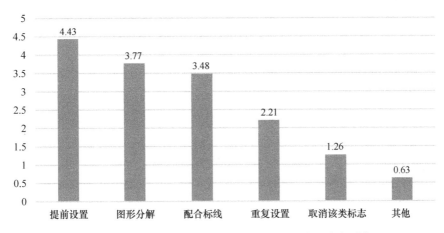

图 3-8 复杂桥形标志的优化设置方法排序（效果由大到小）

### 3.1.3.3 出口标志

图 3-9 显示了出口前标志信息设置的合理性，可见，75%的驾驶人认为这样放置出口指路标志不合理，认为放置不合理的原因主要是车速快、信息读不完（57%）以及信息太多、难以找到目的地（42%）。25%的驾驶人认为合理，且主要原因为信息全、不易走错（63%）。

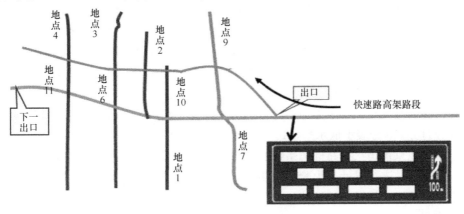

图 3-9 多信息出口标志的合理性问题

问卷给出分别含 2～12 条信息的出口标志，让驾驶人进行识别难度打分（0～10 分，由易到难）。驾驶人打分结果，见图 3-10。可以看出随着信息量增加，标志信息识别难度

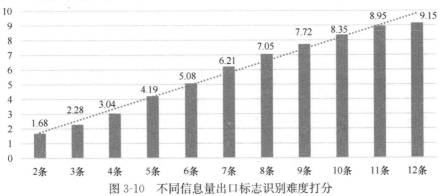

图 3-10 不同信息量出口标志识别难度打分

随之增加，6条信息以下比较容易识别，从7条信息开始难度打分增加明显，10条信息以上增加变缓。

## 3.2　立交图形指路标志主观认知特征

我国城市快速路立交桥图形指路标志应用规模不断扩大，样式不断丰富，实际应用中交通管理者、设计者给予其很高的评价，而广大驾驶人对该标志功能效用的接受、理解与熟知程度有待明确。只有认知准确，才能更好发挥该标志的作用。本节研究的重点是驾驶人对立交桥图形指路标志的主观认知，选取了5个维度的问题开展认知调查和结果分析。调查结论对于指导立交桥图形指路标志设计使用具有参考价值。

调查主要目的是为主观认知研究提供数据，也可作为后续研究的指引和验证。目的主要有三个方面：一是了解驾驶人对立交桥图形指路标志的使用和了解程度，包括使用频率、功能认知等；二是了解立交桥图形指路标志的可理解性，并获知交互过程中标志对驾驶人的影响，为研究提供支持；三是了解驾驶人对标志的满意度、相关意见和建议，为标志的研究提供方向。

调查采用自编《立交桥图形指路标志主观认知》问卷。调查问卷根据两个方面进行设计：一方面是驾驶人对标志视认的感受，包括标志的有效性、易理解性等；另一方面是标志在使用过程中对驾驶人的影响，包括理解的困惑、心理感受、行为影响等。问卷由基本信息和主观认知两部分构成。基本信息部分主要包括驾驶人的性别、年龄、职业、驾龄以及道路熟悉程度等。主观认知部分包括5个方面，共19题，分别是标志使用频率方面5题、标志有效性方面3题、标志易理解性方面5题、标志交互效率方面5题和主观满意度方面1题。除满意度外，每个方面的题目都由总体打分和相关问题组成。其中总体打分采用0~10分打分，0分表示低水平，10分表示高水平，相关问题采用单项或多项选择的方式。问卷参考北京市历次指路标志系统的调研内容和结果，相关技术标准规范及驾驶人日常反应的焦点问题进行设计。为验证问卷的有效度和可实施性，问卷设计后组织人员进行了小范围调查试访，根据对试访结果的分析并征询专家意见，进一步调整问卷的形式和内容后正式施测。

调查共发放问卷300份，调查对象包括为驾驶人，主要来自交通工程设计师、交通管理工作者、出租司机或代驾司机、在校大学生及公司职员。对于首次回收中的无效问卷，进行了补充调查，保证问卷数量。

本次调查样本人群中，男性和女性分别为252人和48人，分别占总被访人数的84%和16%。年龄范围18~55岁，其中，主要年龄分布为30~45岁之间，占到总被访人员的55%。样本人群的年龄分布比例见图3-11（a）。驾龄在2年以内的人群比例为10%，驾龄在2年以上的人员比例为91%，其中驾龄在5年以上被访人群比例在59%，从数据可以看出，大部分被访人员均不属于新手的行列。样本人群的驾龄构成见图3-11（b）。出行频率方面，每周出行1~2次的人数为69人，占总被访人数的23%；3~5次为136人，占总比例的45%；6~7次为95人，占总比例的32%。道路熟悉程度方面，表示熟悉的人数为56人，占总被访人数的19%；对道路比较熟悉的人数为210人，占总比例的70%；对道路不熟悉的人数为34人，占总比例的11%。

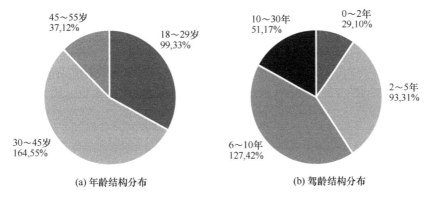

(a) 年龄结构分布　　　(b) 驾龄结构分布

图 3-11　被访人员年龄及驾龄结构分布

## 3.2.1　立交图形标志使用频率

在调查中，以给出标志图片的方式询问被访者在快速路开车时使用立交桥图形指路标志的频率，以 0~10 分打分代表驾驶人从"使用频率为 0"到"使用频率为 100%"的认可程度。立交桥图形指路标志使用频率分布如图 3-12 所示。其中 72.33% 的人打分在 8 分以上，表示他们经常使用立交桥图形指路标志，25.67% 的人打分在 5~7 分之间，表示他们有时会使用，仅有 2% 的人打分在 4 分以下，表示他们极少使用，使用频率打分的平均值为 8.16，标准偏差 1.94。结果表明驾驶人在快速路节点行驶过程中对立交桥图形指路标志依赖性较高。

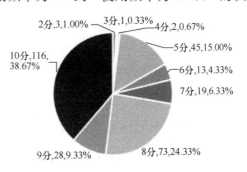

图 3-12　立交桥图形指路标志使用频率

立交桥图形指路标志如此高的使用频率可能与驾驶人在立交桥前的错误驾驶经历有关，调查结果证实了这个假设。300 名被访者中，96% 的驾驶人都有走错路的经历，走错路的位置集中在"立交桥出口"，选择人数占总比的 51.00%，其次为快速路主辅路出口，占总比的 22.67%，如图 3-13 所示。如果考虑到部分立交桥的转向功能需要经过辅路实现，则驾驶人在立交桥出口处发生路径选择错误的概率将远高于其他地方。而关于"立交

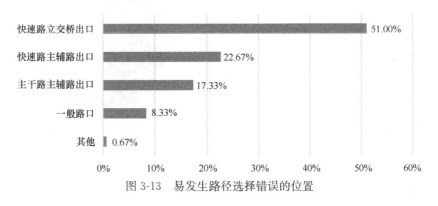

图 3-13　易发生路径选择错误的位置

桥出口处驾驶难度高,经常走错路的原因"的统计结果显示,驾驶人对"桥形不熟悉""立交桥匝道出口多""出口顺序与预想不一致""匝道走向与预想不一致"位于选择结果的前四名,选择人数占总人数比例分别达到 62.67%、60.67%、58.67%和 54.33%,如图 3-14 所示。而在这些信息的表达和传递效率方面,立交桥示意图形的优势明显大于文字的形式。

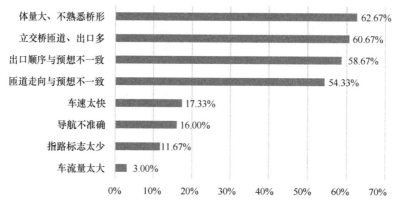

图 3-14　立交桥出口路径选择错误率高原因

在驾驶人的使用习惯上,即"处于何种情况下,会使用图形指路标志"的问题选择结果显示(图 3-15),68%的人选择"遇到不熟悉的立交桥时就会使用",30%的人选择"遇到立交桥就会使用",而 2%的人选择"在走错路的情况下才会使用"。可见,设置立交桥图形指路标志对于不熟悉立交桥的驾驶人更重要。

### 3.2.2　立交图形标志有效性

如图 3-16 所示,驾驶人对立交桥图形指路标志有效性进行打分,以 0~10 分的数字表示从"根本没用"到"非常有用"间的认可程度,69%的驾驶人给出 10 分,认为立交桥图形指路标志非常有用,做出 8 分以上评价的驾驶人比例达到 86%,有效性打分的平均值为 9.01 分,标准偏差 1.80。

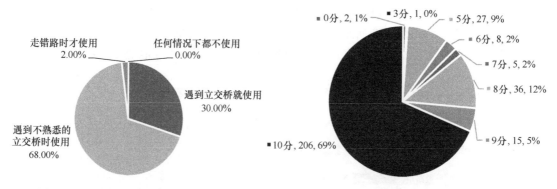

图 3-15　立交桥图形指路标志使用习惯　　图 3-16　立交桥图形指路标志有效性打分结果

如图 3-17 所示,"目的地的行驶路径清晰"是驾驶人认为立交桥图形指路标志有效的主要原因,选择该选项的人数占到总人数比例的 76.00%,其次为"立交桥类型易于辨别"选择比例达到 46.33% 和"出口位置表示明显"选择比例达到 40.67%。

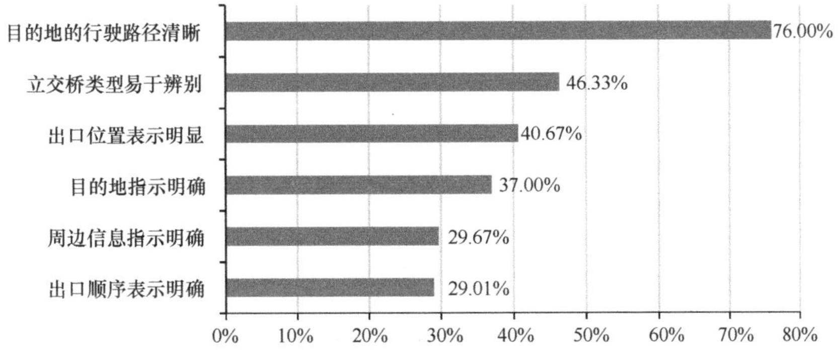

目的地的行驶路径清晰 76.00%
立交桥类型易于辨别 46.33%
出口位置表示明显 40.67%
目的地指示明确 37.00%
周边信息指示明确 29.67%
出口顺序表示明确 29.01%

图 3-17　驾驶人认为立交桥图形指路标志有效的主要原因

此外，如图 3-18 所示，在与城市快速路指路标志系统中其他指路标志的效用对比中，有 45.67% 的驾驶人认为立交桥图形指路标志在指路过程中作用最佳。

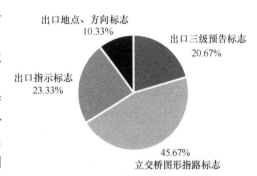

图 3-18　立交桥图形指路标志与其他指路标志的效用对比

有效性调查结果显示，驾驶人对立交桥图形指路标志在寻路过程中发挥的作用十分认可。与其他标志相比，在有效性上表现出一定程度的偏好，这可能与北京市立交桥图形指路标志使用早、数量多、覆盖面广有关，大部分驾驶人已经养成借助图形指路标志辨别路径的习惯。驾驶人普遍将图形对行驶路径的清晰表达作为标志有效的主要原因，这与驾驶人在面临快速路立交桥密集的决策点时感到的困难相吻合，驾驶人的体会也从侧面说明他们曾在立交桥图形指路标志的指示中受益。

## 3.2.3　立交图形标志可理解性

驾驶人对立交桥图形指路标志可理解性进行打分，以 0～10 分的数字表示从"非常不容易理解"到"非常容易理解"间的认可程度。如图 3-19 所示，35% 的被访者打分在 5 分及以下，该部分人员认为立交桥图形指路标志不容易理解或很难讲，有 19.67% 的被访者选择 10 分认为标志非常容易理解，可理解性打分的平均值为 7.03 分，标准偏差 2.25。从打分情况来看，与标志有效性相比，大多数驾驶人在对立交桥图形指路标志内容的理解方面遇到问题。

选择不能理解立交桥图形指路标志

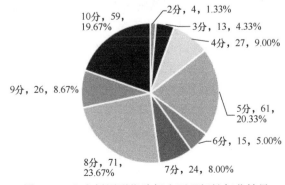

图 3-19　立交桥图形指路标志可理解性打分结果

的驾驶人中，见图 3-20，54%的人将首要原因归结为"立交桥示意图形"的难以理解。全部被访者都认为图形存在难易程度的差别。而"图形笔画的走向"是他们判断图形理解难易程度最主要的依据，在首选项中的比例最高，达到 37%。更有 81.8%的人认为"图形左转方向的笔画"在所有方向笔画中更难以理解。

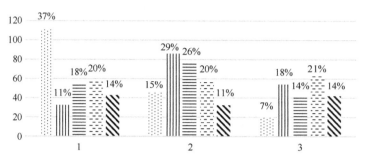

图 3-20　驾驶人判断图形理解难易程度最主要的依据

在驾驶人主观认知中，"目的地的行驶路径清晰"是立交桥图形指路标志有效的最主要原因，"图形笔画的走向"又是示意图形理解难易程度判定的最主要依据。可见，在立交桥示意图形设计时要处理好笔画语义的问题，尽量做到简洁清晰，而在示意图形视认复杂性的研究中，应重点关注图形的笔画走向和行驶路径判断的问题。

### 3.2.4　立交图形标志交互效率

交互效率是指视认标志过程中给驾驶人造成的负担和影响，等价于驾驶人成功完成视认与所消耗的资源的比值。整体打分方面，以 0~10 分的数字表示驾驶过程中从"感觉视认过程非常困难"到"感觉视认过程非常容易"间的认可程度，如图 3-21 所示，其中约 20%的被访者打分在 5 分及以下，该部分人员认为立交桥图形指路标志不容易视认或在视认中受到了负面影响，仅有 9.33%的被访者选择 10 分认为标志非常容易视认，打分的平均值为 6.44 分，标准偏差为 2.14。立交桥图形指路标志的交互效率评分不高，表明在驾驶人主观认知中，视认示意图形对于他们来说并不是一件轻松愉悦的事情，可能在驾驶过程中感到压力和紧张。

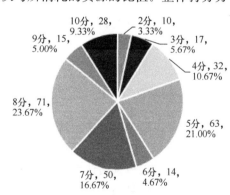

图 3-21　立交桥图形指路标志交互效率打分结果

以 0~10 分的范围代表影响由低到高的主观感受，对视认过程中可能产生的负面影响进行打分，结果显示驾驶人感到"眼睛不够用""车速有点快""手脚总在动""心里有点急"，对应的平均分为 7.62 分、7.23 分、6.80 分、5.57 分。所有驾驶人都表示图形越复杂这种感受越强烈。

## 3.2.5 立交图形标志满意度评价

整体打分方面，以 0~10 分的数字表示驾驶过程中从"非常不满意"到"非常满意"间的认可程度，见图 3-22，其中 32.3% 的人打分在 5 分和 5 分以下，表示对立交桥图形指路标志不满意或说不好。比较满意，即 8 分以上的占 58.3%，仅有 7% 的人表示非常满意。打分的平均值为 7.01，标准偏差为 1.88。总体来讲，驾驶人对立交桥图形指路标志的满意度不高。

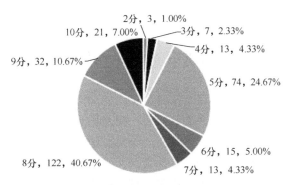

图 3-22　立交桥图形指路标志主观满意度

驾驶人主观认知结果表明，立交桥图形指路标志在驾驶人寻找快速路立交桥出口时起到了有效的作用，但示意图形的复杂度对这种作用的发挥影响较大。应针对标志的效用程度和示意图形的复杂程度进行研究，对图形复杂度进行评价和分类。

# 第 4 章　城市快速路指路标志研究实验平台

本章旨在构建研究所需的基础实验平台。一方面汇聚形成基础实验数据，为实现城市快速路指路标志系统影响分析、作用机理及评估优化研究提供基础数据；另一方面，构建形成城市快速路指路标志系统评估优化综合实验平台，为研究方法测试提供条件。

## 4.1　城市快速路指路标志研究实验平台概述

以往指路标志相关研究主要采用专家打分、问卷调查、视认实验的静态研究方法，存在数据不全面、不动态、非量化等缺陷；同时，指路标志工程应用评估多采用标志安装后评价方法，具有成本高、周期长、综合性差、不易实施等不足。为解决以往研究方法存在的问题，搭建以"驾驶人为核心"的"模拟驾驶实验＋自然驾驶实验"综合实验平台。该平台以驾驶模拟、自然驾驶实验为主，以眼动仪、脑电仪、心电仪等设备为辅，如图 4-1 所示。

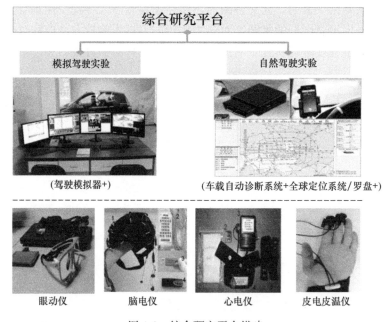

图 4-1　综合研究平台搭建

驾驶模拟技术具有条件可控制、环境可重复和零安全风险的优势。研究基于驾驶模拟实验平台获取细粒度、高精度驾驶操作行为数据。针对快速路特征路况开发多样化、高保真实验场景，获得配备不同快速路指路标志的交通环境，借助驾驶模拟实验平台形成驾驶人"主观感知—操控行为—车辆运行"的细粒度、高精度和全方位数据库，为效用评估及优化设置研究提供精细化数据基础。自然驾驶技术能够直观测试实地驾驶效果，利用

OBD+GPS/COMPASS 技术实现自然驾驶条件下车辆运行状态感知,以及车辆运行速度、加减速、位置等信息的逐秒采集和上传。并结合 3G 网络及云平台技术,最终实现实际道路条件下车辆运行状态数据的精细化采集与汇聚。两种实验过程中可安装行车记录仪,并佩戴眼动仪等仪器,实现车辆运行状态数据、换车道行为数据及心生理数据的同步获取。

研究充分结合驾驶模拟技术和实车运行监测技术的特点和优势,分别构建驾驶模拟实验平台和自然驾驶实验平台,最终整合为驾驶行为综合感知及实验测试平台。基于该综合研究平台开展多项测试,形成驾驶人"主观感知—操控行为—车辆运行—心生理特性"的多维度、细粒度、高精度和全方位数据库,为城市快速路指路标志效用评估及优化设置研究提供精细化数据分析基础,助力于形成指路标志定量化效用评估及优化一般性范式。

## 4.2 驾驶模拟实验平台

北京工业大学驾驶模拟实验平台属于真实车辆驾驶模拟器,是挪威 AutoSim 公司所生产的研究型驾驶模拟器,见图 4-2。

(a) AutoSim驾驶模拟平台主机控制系统　　(b) AutoSim驾驶模拟实验过程

图 4-2　北京工业大学驾驶模拟实验平台

驾驶模拟平台作为一种研究工具,其优点主要表现在便捷性好、安全性高、影响因素易于控制、易于数据检测、成本低及效率高等方面。借助该模拟器能够为驾驶人提供包括道路、标志、标线、其他运动车辆、丰富的路侧场景等 3D 虚拟驾驶场景,同时可变换场景天气、时段等,最终采集车辆运行及驾驶人操控行为数据。整体上,驾驶模拟实验平台主要由基础硬件系统及场景软件系统两大部分组成。

### 4.2.1　基础硬件系统

该模拟实验系统的硬件系统主要由三部分组成:显示模块、车辆模块和控制模块,见图 4-3。

(1) 显示模块

显示模块是系统运行主要结果的体现,为驾驶人提供虚拟 3D 道路交通场景的高清显示与情景再现。能够为驾驶人提供包括道路、标志、标线、其他运动车辆、丰富的路侧场景等 3D 虚拟驾驶场景,同时可根据需要改变场景天气、时间段等条件。在视觉感受中,

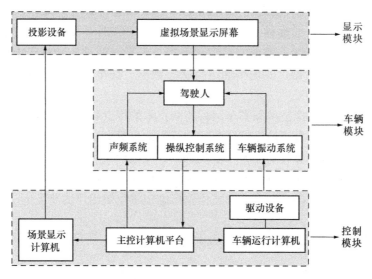

图 4-3 驾驶模拟实验平台硬件结构图

模拟器能够为驾驶人提供前方 130°水平视野和 40°垂直视野，以及左、右后视镜和后方 30°水平视野、40°垂直视野。

（2）车辆模块

车辆模块则是实现人机对接的平台，也是驾驶人能够进行驾驶操作的接口，实现为驾驶人提供逼真的车辆驾驶感受，并提供驾驶人驾驶操作的平台。驾驶车辆为丰田 Yaris 手自一体车型，具备转向盘、加速踏板、制动踏板、离合等各种驾驶操作项目，实验运行过程中，车辆能够根据运行情况产生 0~10Hz 的振动感。同时，模拟平台具有音效模拟效果，包括发动机、车辆制动、车辆振动、转弯侧滑等常见音效。为确保实验过程中，驾驶人的驾驶状态不被打扰，用隔音玻璃及墙体将模拟车辆与模拟控制平台进行分隔。

（3）控制模块

控制驱动模块是整个平台的核心，用于实现对实验系统的设计、控制、监控、记录等功能，完成与显示模块、车辆模块的同步对接与监控。控制模块可以开展场景文件的加载、周边交通环境的设置、交通流量的设计、道路车道路径的布设等场景再加工工作，利用视频监控驾驶人驾驶状态、疲劳状态及场景运行状态等，并设置语音连通系统实现与车辆系统中驾驶人员的通话。模拟器可以 30Hz 的频率记录车辆运行参数，包括速度、加速度、横向位置、加速踏板、制动踏板、转向盘转角、离合踏板、车辆坐标等车辆参数，同时包括与车辆前后相近的其他车辆的运行参数。

## 4.2.2 场景软件系统

驾驶模拟实验平台的软件系统，主要由场景模拟系统 SimWorld、场景搭建系统两部分组成。前者实现模拟场景的计算和运行，后者实现所需虚拟交通环境的搭建，如图 4-4 所示。

（1）场景模拟模块

场景模拟系统实现车辆运行与虚拟场景交互的动态效果，及对交通环境中其他车辆运行及道路设施的模拟，是驾驶模拟实验平台的核心部分。该系统能够计算呈现出虚拟驾驶

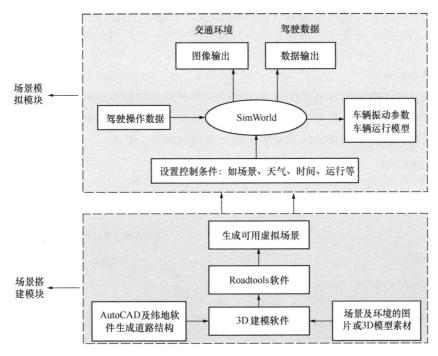

图 4-4 驾驶模拟实验平台软件结构图

场景，接受驾驶人控制操作信息，实现在驾驶人操作情况下虚拟场景的动态运行，包括车辆振动信息和音效信息的输出。此外，该系统实现对车辆运行状态的实时监控和记录，其能够对车辆运行状态、驾驶人操作特征、车辆运行环境周边特征等均以 30Hz 的频率进行记录输出。其输出的参数包括：实验时间、速度、加速度、发动机转速、加速踏板、离合、制动踏板、转向盘转角、档位、车辆坐标位置、车辆横向位置等。另外，该软件系统也为用户提供了动态可控的编程接口，可以根据实验需求，通过设计包括其他车辆运行情况、交通信号信息、天气、时间、突发事件等各种效果，进而使车辆在运行过程中达到所需要的事件效果。

(2) 场景搭建模块

虚拟场景是驾驶模拟平台运行的基本条件。由于研究的需求，往往需要特定的驾驶虚拟环境系统。因此，虚拟场景开发软件系统是模拟平台的重要组成部分。虚拟场景的开发是通过结合多款软件实现的，其与驾驶模拟平台实现对接的是该平台系统配套的 Roadtools 软件，它是模拟系统识别场景的接口软件。开发过程中，为实现场景的逼真性，需要结合 AutoCAD、HintCAD（纬地）、3D-MAX、Photoshop 等软件，运行这些软件一方面建立符合规范的道路线形、道路路面、路肩等道路特征，另一方面制作出场景需要的环境如建筑物、树木、护栏等各种视觉场景。同时场景设计中也包括灯光设计、交通信号灯设计等各种细节内容。虚拟场景的开发是各种软件的结合，是一项细腻的工作，良好逼真的虚拟场景必然需要设计者花费大量时间和精力进行完善。

## 4.2.3 平台有效性验证

有效性验证是利用驾驶模拟实验平台开展相关研究工作的前提。北京工业大学前期开展大量研究，以验证驾驶模拟器运行数据的有效性。因此，结合以往研究成果，研究从驾驶人视觉、行为及生心理三个方面开展内外场对比实验，并采用调查问卷评估驾驶人主观真实感受，综合实施平台有效性验证。

(1) 视觉有效性

交通标志是道路交通环境中的重要元素之一，是规范驾驶人驾驶行为的无声语言。由于存在光线和视距等方面的差异，在模拟驾驶场景中，需要将实际道路中的交通标志进行尺寸上的放大才能达到逼真的仿真效果，放大原理如图 4-5 所示。

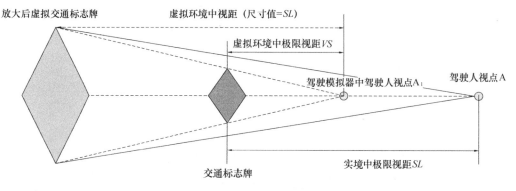

图 4-5  交通标志视觉有效性示意

根据图 4-5 所示原理，研究经过多次反复测试发现：虚拟场景极限视距（$VS$）/实境中极限视距（$SL$）=1.5。因此，最终确定适用于本驾驶模拟器视觉有效性的标志放大倍数为 1.5 倍。

(2) 驾驶行为有效性

车辆运行速度是表征驾驶模拟仿真驾驶行为有效性的重要指标。为测试驾驶模拟实验测试速度的有效性，研究选取北京市四环快速路四方桥及连接路段为测试点。一方面，在内场搭建高仿真度模拟实验场景，并选取 30 名驾驶人开展驾驶模拟实验，获取车辆运行速度；另一方面，外场利用雷达枪实地调查测试路段不同关键点位的运行速度。其中，平直路段处车辆在不同关键点位的内外场平均速度如图 4-6 所示；图 4-7 为平纵线形组合路段各关键点处的内外场平均车速。

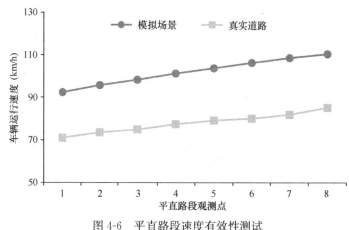

图 4-6  平直路段速度有效性测试

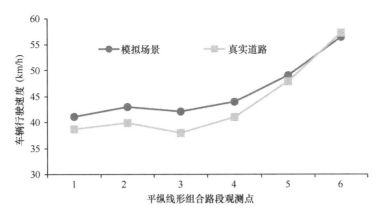

图 4-7 平纵线形组合路段速度有效性测试

图 4-6 表明,在平直路段各关键点处,驾驶模拟获得平均速度总体高于真实道路条件下的车速,但二者的变化趋势一致,具有良好的相对一致性。图 4-7 显示,在平纵线形组合路段的各关键点处,驾驶模拟获得平均速度总体略微高于真实道路条件下的车速,二者同样具有较高一致性。综上两种比较可以得知,驾驶人在实车实验和模拟实验条件下的车辆运行状态指标具有相对有效性。

(3) 驾驶人生心理有效性

驾驶人的生心理反应是表征驾驶模拟实验有效性的又一重要指标。研究同样采取内外场实验对比的方式,以北京市顺义区后沙峪镇某一实际道路为测试点,道路条件涉及平直线、平曲线、直线上坡、直线下坡、曲线上坡、曲线下坡、急弯等几种形式,通过对比内外场条件下生心理指标变化特征,确定真实与虚拟场景下驾驶人生心理指标的一致性。

首先,研究提取 β 波用以表征驾驶人脑电反应特征,进而根据实验时间截取场景各位置点数据并进行归一化,处理结果如图 4-8 所示。分析对比表明,β 波的变化趋势在两种场景对应位置具有相关性,第 6 点除外,其余点相关系数均超过 0.8。由此可知,相比模拟和真实场景,驾驶人的脑电反应相似,模拟实验条件下驾驶人的脑电信号 β 波具有相对有效性。另外,第 6 点差异性较大的原因可能与道路条件有关,该位置处于道路纵坡的坡顶,坡下连接急弯,模拟和真实条件对驾驶人心理冲击的程度可能不同,这也说明驾驶模拟实验对此类情景的模拟程度存在较大偏差。

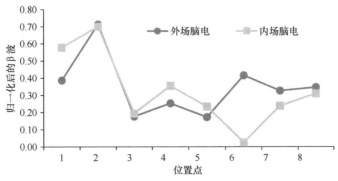

图 4-8 驾驶人 β 波值在模拟和真实场景中各位置点处的对比情况

类似地，提取心电信号中的心率数据表征驾驶人紧张情况，根据实验时间截取场景各位置点数据并进行归一化，处理结果见图 4-9。分析对比表明，驾驶人心率在两种场景对应位置具有相关性，第 6 点除外，其余点相关系数均大于 0.8。因此，驾驶人的心率在模拟和真实场景下的变化趋势相类似，模拟驾驶实验条件下的心电指标心率具有相对有效性。同理可以推测，第 6 点差异性较大的原因与道路条件相关。

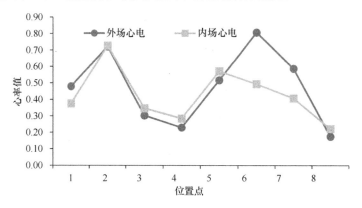

图 4-9 驾驶人心率值在模拟和真实场景中各位置点处的对比情况

（4）主观评价

借助以往开展的驾驶模拟实验，已有超过 400 名被试主观评价了模拟舱的真实性。评价指标主要包括速度真实感以及操作方向盘、加速踏板、减速踏板等部件的真实感。评价以打分制的形式见表 4-1，该实验平台模拟仿真程度较高。

被试主观评价驾驶模拟实验平台有效性结果　　　　表 4-1

|  | 方向盘 | 加速踏板 | 制动踏板 | 离合 | 档位 | 速度感 |
| --- | --- | --- | --- | --- | --- | --- |
| 均值 | 7.9 | 7.9 | 7.5 | 8.2 | 7.5 | 7.7 |
| 标准差 | 1.25 | 1.20 | 1.50 | 1.20 | 1.46 | 1.39 |

综上驾驶人视觉、驾驶行为、生心理和主观评估四个方面，得知本研究采用的驾驶模拟器在实施驾驶行为相关研究方面具有较高的相对有效性，能较好地反映和刻画驾驶人及车辆在不同道路交通及环境条件下的变化趋势。以上研究成果对即将开展的驾驶模拟实验的可行性和有效性提供了科学依据。但需要明确的是，驾驶模拟实验结果的有效性与模拟场景的仿真度、实验设计的科学性、驾驶事件安排的合理性等密切相关，需要综合优化各种影响因素才能获得较好的实验结果。

## 4.3　自然驾驶实验平台

基于 OBD+GPS 车载感知终端，结合 3G 网络和云平台技术，完成车辆运行数据采集及汇聚，形成城市快速路指路标志系统效用评估优化自然驾驶实验平台，为实现快速路指路标志优化设计设置提供基础研究平台。

## 4.3.1 平台框架结构

以 Internet＋技术为支撑，研究设计自然驾驶条件下实车运行状态监测实验平台总体框架结构如图 4-10 所示。基于 OBD＋GPS 车载感知终端获取车辆运行数据，并通过 3G 网络传输至云平台进行存储。在本地服务器完成面向应用需求的后台算法设计和数据处理，构建标志系统评估优化自然驾驶实验平台。

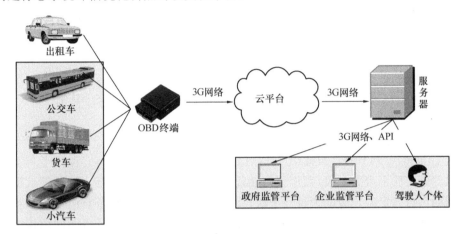

图 4-10　自然驾驶实验平台总体框架结构

## 4.3.2 数据采集设备

OBD＋GPS 设备（图 4-11）具有北斗/GPS 兼容定位、OBD（CAN 总线）数据读取、GPRS 数据传输三大基本功能。其中北斗/GPS 兼容定位具备自由切换、互相补偿的能力；OBD 数据读取功能能够逐秒读取采集速度、转速等数据；GPRS 数据传输具备断网续传能力，保证上传的数据不丢失，上传数据时间间隔根据需求灵活定制等功能。

（1）工作环境

① 工作温度：－40 ～ ＋85℃；

② 相对湿度：10％ ～ 90％；

③ 体积质量：设备整体质量＜300g；

④ 规格尺寸为：长度≤90mm，宽度≤60mm，高度≤25mm。

（2）GPRS 模块技术指标

满足工业级别的产品设计，数据传输可靠稳定。通过 CE、FCC、ROHS、AT&T、IC、ICASA、TA、GCF、PDCRP 认证。性能指标如下：

图 4-11　OBD＋GPS 数据感知设备

① 双频 GSM/GPRS 900/ 1800 MHz；

② GPRS（class 10/8）标准；

③ GPRS（class B）；

④ 支持 GPRS 编码 CS1、CS2、CS3、CS4；

⑤ 满足 GSM（2/2＋）标准；

⑥ Class 4（2W@850/900MHz）；
⑦ Class 1（1W@1800/1900MHz）；
⑧ 支持 TCP/IP 协议栈，使用 TCP 协议传输数据。

（3）OBD 模块技术指标

① 支持以下 OBDII 协议：ISO 15765-4 CAN（11 bit ID，500Kbaud）、ISO 15765-4 CAN（29 bit ID，500Kbaud）、ISO 15765-4 CAN（11 bit ID，250Kbaud）、ISO 15765-4 CAN（29 bit ID，250Kbaud）和 SAE J1939 CAN（29 bit ID，250Kbaud）；

② 能够读取数据应包括：仪表盘速度，燃油消耗量，发动机转速，发动机扭矩数据；

③ 数据更新周期可自行定制，最低为每秒 1 次。

（4）定位模块技术指标

北斗/GPS 定位模块引脚定义及输出协议符合业内通用标准要求。其中：

① 精度：位置＜10m；速度＜0.1m/s；

② 灵敏度：捕获优于－140dBm；跟踪优于－155dBm；

③ 定位时间（TTFF）：重捕＜1s；热启动＜1s；冷启动＜36s。

自然驾驶实验平台中 OBD 数据读取功能能够逐秒读取采集油耗、转速等数据，且数据更新周期可自行定制，最低为每秒 1 次；北斗/GPS 兼容定位具备自由切换、互相补偿的能力，精度满足位置＜10m；速度＜0.1m/s；GPRS 数据传输具备断网续传能力，保证上传的数据不丢失，上传数据时间间隔根据需求灵活定制等功能。实现在本地服务器完成面向应用需求的后台算法设计和数据处理。以上设备能够实现自然驾驶条件下实车运行状态的数据采集。

研究使用的 OBD 数据采集终端主要由车载诊断系统（OBD）模块、全球定位系统（GPS）模块、通用分组无线业务（GPRS）模块所组成。OBD 模块主要用于设备的电力支持以及车辆引擎信息、车辆运行状态数据采集；GPS 模块主要用于车辆实时定位坐标信息以及 GPS 运行速度采集；GPRS 模块主要用于将 OBD 与 GPS 模块采集到的车辆运行数据打包上传至云端服务器，上传周期为 30s。同时，OBD 数据采集终端设备的 ID 编号、当前时间戳等信息也同步上传至云端数据中心。目前设备采样频率为 1Hz，采集到的原始数据字段如表 4-2 所示。

原始数据字段及示例　　表 4-2

| 字段名称 | 示例 | 字段名称 | 示例 |
| --- | --- | --- | --- |
| 采集时间 | 20160427073439 | GPS 速度 | 48.162km/h |
| 设备 ID（车辆 ID） | 210245 | 车辆位置（经度） | 116.0790115 |
| 仪表盘速度 | 48km/h | 车辆位置（纬度） | 39.68396 |
| 瞬时油耗 | 0.38L/h | 空调状态 | on/off |
| 发动机转速 | 938R/m | 累计行驶里程 | 22030km |
| 发动机扭矩 | 25N·m | 氧传感器电压 | 0.025V |

### 4.3.3　实验数据汇聚

自然驾驶实验平台采用 4 人以上乘车空间的实验车辆，以保障测试工作中实验人员和工作人员，及其他随车设备佩戴、放置的需求。为确保实验车辆运行状态数据的获取，反复测试实验车辆与 OBD 设备的正常衔接，如图 4-12 所示。

(a) 实验车辆外观情况　　　　　　　(b) 行驶过程内部情况

图 4-12　现场测试实验车辆

基于自然驾驶实验平台形成驾驶行为分析系统，包含总体、单个车辆实时信息查询及历史信息查询等功能，见图 4-13。依托该平台，陆续开展交通安全设施影响评价、生态

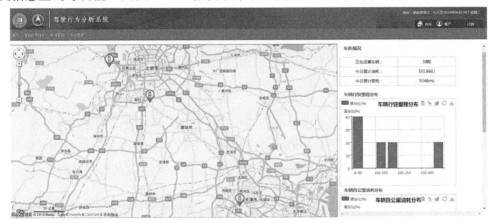

(a) 总体车辆实时信息

(b) 单个车辆实时信息

图 4-13　驾驶行为分析系统

驾驶行为检测、内外场实验数据验证等研究。

## 4.4 导航大数据平台

除车载 OBD 设备采集的个体驾驶行为外，研究基于导航软件，分析了包括海量驾驶人的集计驾驶行为数据。集计驾驶行为数据主要用于宏观道路交通风险评价、预测与交通系统的安全性评估。本节介绍了导航集计驾驶行为数据的基本类型、计算方法以及形成的数据库格式，为后续的快速路指路标志系统设置效用评估奠定了基础。

### 4.4.1 数据基本类型

集计驾驶行为研究的所有数据来源于国内市场份额占比第一的地图公司高德软件有限地图。根据《2017 年中国互联网年报》的统计，高德软件月活跃用户数达到 3.2579 亿人，位居地图导航软件类之首。用于分析道路交通风险评估及预测的数据包括驾驶行为数据、速度变化数据和其他相关数据项。此外，提取诸如事故数据之类的附加数据，以便将道路交通安全性评价指标与交通拥堵状态、事故进行对比。下面将对所有数据类别以及提取方法分条目进行描述。

数据类型主要包括以下五个方面：驾驶行为数据、地图数据、交通拥堵状态数据、事故数据、用户比例数据。

（1）驾驶行为数据

通过驾驶人驾驶过程中使用手机导航软件，采集计算六种类型的驾驶行为数据，包括急加速、急减速、急左并道、急右并道、急左转和急右转，并同步上传至高德云服务器。驾驶行为数据包括驾驶行为的事件类型、事件 GPS 坐标、事件的发生时间和事件发生的道路 ID。以下是这六项驾驶行为指标的来源与定义方法。

① 数据访问：手机传感器用于采集驾驶人的加速度和角速度数据；手机 GPS 系统用于收集车辆的速度和角速度数据。

② 获取方法：传感器检测驾驶人是否产生六种驾驶行为中的任何一种；当某些低端移动手机传感器不可用时，GPS 可用于补充检测驾驶行为。

③ 急加速与急减速定义：在手机姿态固定的情况下，若线性加速度大于一定的阈值，将识别并记录为一次急加速或急减速。

④ 急并道和急转弯定义：在手机姿态固定的情况下，判断原历史转弯的向心力，如果检测角度大于一定的阈值，则判定为一次急并道或急转弯。

（2）地图数据

地图数据为高德导航软件底图数据，包括区域内每条道路的 ID、道路长度、道路等级、车道数、车道宽度、限速、道路类型等信息。研究使用到的指标为道路 ID、道路长度、道路类型。

① 道路 ID：道路 ID 用于标识与区分每条道路，能够实现多种类型的数据匹配。

② 道路长度：道路长度可用于统一数据量纲，如计算单位距离内的驾驶行为事件频次和事故频次。

③ 道路类型：区域内的道路类型主要包括分离式道路、立交、辅路、引路、环岛、

服务区引路、出入口、右转车道 A、右转车道 B、左转车道 A、左转车道 B、普通道路 12 种。左转车道 A 或右转车道 A 是指在驾驶人左转或右转时，转弯后的行驶方向与原行驶方向不同。右转车道 B 或左转车道 B 是指在驾驶人左转或右转时，转弯后的行驶方向与原行驶方向相同。A 型道路转弯角度大，而 B 型道路转弯角度较小。

（3）交通拥堵状态数据

交通拥堵状态数据包括时间、平均速度（km/h）、拥堵指数和道路 ID。所有道路每两分钟采集并上传一次交通拥堵状态数据。

拥堵指数是指当前道路平均速度与其自由流速度的比值，计算方法如式（4-1）所示。

$$CI = \frac{Free - Flow\ speed}{Average\ road\ speed} \quad (4-1)$$

导航软件将拥堵指数划分为 4 个等级，驾驶人在使用导航软件时分别以不同的颜色显示 4 个等级。导航软件的交通拥堵状态 4 个等级定义如下：

① 畅通，拥堵指数 $\in [0, 1.5)$；
② 缓行，拥堵指数 $\in [1.5, 2)$；
③ 拥堵，拥堵指数 $\in [2, 4)$；
④ 严重拥堵，拥堵指数 $\in [4, +\infty)$。

（4）事故数据

事故数据来源于导航用户在使用软件时上报的数据，并非由交警统计的所有交通事故。导航软件具有用户上报事故的功能，当驾驶人发现前方有交通事故时，可以通过导航软件向上报至云服务器，事故上报功能能够协助交警快速处理交通事故。通过从多个用户报告的事故位置和时间，对相同的事故信息进行验证与筛选，能够计算与推断道路交通事故的发生频率（FC）和交通事故的持续时间（DC）。事故数据包括事故发生和结束时间、事故 GPS 坐标位置以及发生事故的道路 ID。事故数据主要用于对道路风险评价指标进行评价与验证。

（5）用户比例数据

用户比例数据来源于导航软件用户的数量（每小时通过每条道路的用户量）。由于高德公司需要对用户数量的数据进行脱密处理，所以用户比例数据是以道路每小时的用户量除以某一特定数值。用户比例数据可反映交通量的相对大小，主要用于统一量纲，计算平均每辆车的驾驶行为事件频率和每辆车的事故数。用户比例数据包括时间、道路用户比例、道路 ID。表 4-3 总结了所有类型的数据及其格式。

数据类型及格式　　　　　　　　　　　　　　　　表 4-3

| | 数据格式 | 时间间隔 |
| --- | --- | --- |
| 驾驶行为数据 | 事件类型（急加速、急减速、急左转、急右转、急左并道、急右并道）<br>事件发生事件<br>事件发生坐标<br>道路 ID | 事件发生实际时间 |
| 地图数据 | 道路长度<br>道路类型<br>道路 ID | — |

续表

| | 数据格式 | 时间间隔 |
|---|---|---|
| 交通拥堵状态数据 | 时间<br>平均速度（km/h）<br>拥堵指数 $CI$<br>道路 ID | 2min |
| 用户比例数据 | 时间<br>道路用户比例<br>道路 ID | 1h |

### 4.4.2 数据预处理

通过匹配所有类别数据（表 4-3）的时间和道路 ID，将数据进行融合处理。表 4-4 为评价城市快速路安全风险的相关指标。除将事故数据转换为每日的交通事故频率和事故持续时间外，其余指标均转换为以每小时为间隔，如每小时驾驶行为事件的发生频率和每小时拥堵指数。各指标的换算与计算方法如下：

驾驶行为事件的发生频率 $FE$：

$$FE_{ijk} = \frac{\text{sum}(event_{ijk})}{l_j \cdot UP_{ijk}} \tag{4-2}$$

$$UP_{kj} = \sum_{i=0}^{23} UP_{ijk} \tag{4-3}$$

道路安全性与速度变化有关。速度的相对波动性越大，道路就越混乱，交通风险更大。因此，提出速度变化系数（CSV）评估道路安全性。速度变化系数的定义如下：

$$CSV_{ijk} = \frac{\sigma_{v_{ijk}}}{\overline{v}_{ijk}} \tag{4-4}$$

式中 $j$——道路 ID；

$i$——时间间隔（$i$ 时至 $i+1$ 时，$i=0，1，2，\cdots，23$）；

$k$——日期（$k=1，2，\cdots，15$）；

$l_j$——道路长度；

$UP$——用户比例，代指单位车辆的发生频次等，单位简化为 vr；

$\sigma_v$——速度标准差；

$\overline{v}$——平均速度。

评价城市快速路安全风险的相关指标　　　　表 4-4

| 指标 | 单位 | 说明 |
|---|---|---|
| 日期 | 日 | 2017.10.$k$，$k=1，2，\cdots，15$ |
| 时间 | 小时 | $i$ 时至 $i+1$ 时的时间区间，$i=0，1，2，\cdots，23$ |
| 急加速 $FE$<br>急减速 $FE$<br>急左并道 $FE$<br>急右并道 $FE$<br>急左转 $FE$<br>急右转 $FE$ | 次/（km・vr・hour） | 式（4-2） |

续表

| 指标 | 单位 | 说明 |
|---|---|---|
| 速度变化系数 | — | 式 (4-4) |
| 道路类型 | — | 分离式道路、立交、辅路、引路、服务区引路、出口、入口、环岛、左转车道 A、左转车道 B、右转车道 A、右转车道 B、一般道路 |
| 拥堵指数 CI | — | 式 (4-1)<br>小时拥堵指数是由每两分钟拥堵指数取平均所得 |
| 拥堵水平 | — | 畅通、缓行、拥堵、严重拥堵 |

通过对以上各项指标进行单位换算与匹配，能够得到不同道路条件和交通条件下的驾驶行为和速度变化系数数据。指标的提取与计算为后续城市快速路安全风险替代指标的基础以及快速路指路标志系统设置效用评估奠定了基础。

### 4.4.3 集计驾驶行为数据库

在匹配与融合所有类型数据，将数据整合为以小时为时间间隔，并换算单位后，最终形成用于集计驾驶行为的城市快速路安全风险研究的标准数据库。数据库字段及示例如图 4-14 所示。集计驾驶行为数据库为第 9 章基于精细化轨迹数据的典型城市快速路指路标志系统效用评估及优化奠定了数据基础。

| 驾驶行为事件FE | | | | | | 拥堵指数 | 道路类型 | 拥堵水平 | 用户比例 | 日期 | 时间 | 速度变化系数 |
|---|---|---|---|---|---|---|---|---|---|---|---|---|
| j1 | j2 | j3 | j4 | j5 | j6 | CI | roadcon | trafficxon | flow | date | time | speedva |
| 0 | 6.394596 | 0 | 0 | 12.78919 | 0 | 1.126483 | 6 | 1 | 0.6068376 | 20171001 | 0 | 0.07367611 |
| 0 | 16.97257 | 0 | 0 | 0 | 0 | 1.107267 | 6 | 1 | 0.457265 | 20171001 | 1 | 0.077271477 |
| 0 | 18.16065 | 0 | 0 | 0 | 9.080326 | 1.113533 | 6 | 1 | 0.4273504 | 20171001 | 2 | 0.091494532 |
| 0 | 0 | 0 | 0 | 0 | 8.486286 | 1.1358 | 6 | 1 | 0.457265 | 20171001 | 3 | 0.093199975 |
| 0 | 15.07108 | 0 | 0 | 3.76777 | 0 | 1.155767 | 6 | 1 | 1.0299145 | 20171001 | 4 | 0.068189578 |
| 0 | 23.58526 | 0 | 0 | 3.930877 | 7.861754 | 1.1807 | 6 | 1 | 0.9871795 | 20171001 | 5 | 0.046501919 |
| 0 | 12.61156 | 0 | 0 | 0 | 0 | 1.141241 | 6 | 1 | 0.9230769 | 20171001 | 6 | 0.065464117 |
| 0 | 28.50327 | 0 | 0 | 4.071895 | 0 | 1.158 | 6 | 1 | 0.9529915 | 20171001 | 7 | 0.07440858 |
| 0 | 21.32962 | 0 | 0 | 3.047089 | 3.047089 | 1.2421 | 6 | 1 | 1.2735043 | 20171001 | 8 | 0.076431624 |
| 0 | 18.58546 | 0 | 0 | 7.965198 | 0 | 1.4434 | 6 | 1 | 1.4615385 | 20171001 | 9 | 0.145395199 |
| 0 | 20.27864 | 2.253183 | 0 | 6.759548 | 0 | 1.497433 | 6 | 1 | 1.7222222 | 20171001 | 10 | 0.123361891 |
| 8.675471 | 40.48553 | 0 | 0 | 5.783647 | 2.891824 | 1.233133 | 6 | 1 | 1.3418803 | 20171001 | 11 | 0.052297456 |
| 3.186079 | 22.30255 | 0 | 0 | 9.558238 | 6.372159 | 1.182967 | 6 | 1 | 1.2179487 | 20171001 | 12 | 0.046590579 |
| 2.678562 | 45.53556 | 0 | 0 | 8.035687 | 1.237902 | 1.2346 | 6 | 1 | 1.4487179 | 20171001 | 13 | 0.062147718 |
| 5.858275 | 17.57482 | 0 | 0 | 2.929137 | 5.858275 | 1.328067 | 6 | 1 | 1.3247863 | 20171001 | 14 | 0.08269578 |
| 5.915522 | 23.66209 | 0 | 0 | 2.957761 | 2.957761 | 1.318276 | 6 | 1 | 1.3119658 | 20171001 | 15 | 0.0573989 |
| 0 | 20.30744 | 0 | 0 | 8.703188 | 2.901063 | 1.280034 | 6 | 1 | 1.3376068 | 20171001 | 16 | 0.072594761 |
| 6.198175 | 21.69361 | 0 | 0 | 0 | 3.099087 | 1.2418 | 6 | 1 | 1.2521368 | 20171001 | 17 | 0.062709457 |

图 4-14 集计驾驶行为数据库字段及示例

## 4.5 相关仪器设备

综合实验平台中配置了眼动仪、脑电仪、心电仪、皮电皮温测试仪等设备，与驾驶模拟器及实车实验相结合实现了驾驶人在驾驶过程中各参数时序变化的动态参数采集，先简要介绍眼动仪与脑电仪。

### 4.5.1 便携眼镜式眼动脑电联动追踪系统

该设备为德国 SMI 厂家生产的 ETG 2w 型便携眼镜式眼动脑电联动追踪系统设备，

采样率 60Hz、追踪分辨率 0.1deg、凝视定位精度 0.5deg、双目追踪，见图 4-15。可以在移动过程中实现对现实世界等三维信息的视觉追踪。主要由眼镜式眼动追踪器、便携式系统工作站、分析软件及移动记录系统四部分组成。

该设备用于配合驾驶模拟实验、自然驾驶实验中驾驶人视觉动态信息数据获取，如图 4-15 所示。可实时监控实验过程中驾驶人的视觉行为变化状态，并实时记录驾驶人视认数据，如驾驶人注视点位置、注视时间、视认轨迹等。还可进行驾驶人视觉信息数据的分析，以配合驾驶人操控行为数据、车辆运行状态数据，进行驾驶人心生理、驾驶行为数据车辆运行数据的同步分析与深化研究。

图 4-15　便携眼镜式眼动脑电联动追踪系统组成

近年来，基于眼动设备北京工业大学开展多项研究课题，研究对象包括快速路减速标线、线形诱导标志、急弯处警告标志，以及学校地区、国省干道平交路口、高速公路施工区交通安全设施等。

### 4.5.2　Neuroscan 脑电仪

Neuroscan 32 脑电仪是目前世界范围内被广泛使用的脑电采集分析系统，该系统非常适合进行脑与认知科学的研究，为学科的交叉提供了最好的窗口。该脑电仪包括脑电帽、NuAmps 型放大器、导电膏、数据采集狗、数据分析狗、Scan 等软件组成，脑电帽上的电极是安放于头皮上的金属导体，头皮电位通过电极与导电膏传送至电脑，在插有数据采集狗的电脑中以脑电图的形式被记录、保存，见图 4-16。Neuroscan 具有先进的脑成像分析软件（SOURCE、CURRY），因此，研究过程中既可以了解脑活动的基本过程，又可以把中枢神经系统的功能与周围神经系统的表现有机地综合。用于交通专业研究，从而把交通行为学、生物学、生理学、心理学和医学解剖的教学有机地结合起来。该系统可以优化学科结构，可以进行多学科的交叉资源共享。

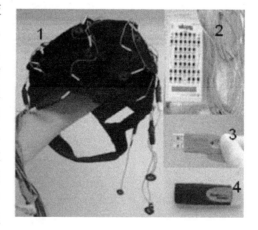

图 4-16　Neuroscan 脑电仪
1—脑电帽；2—放大器；
3—数据采集狗；4—数据分析狗

近年来，北京工业大学结合脑电仪器开展不同急弯警告标志位置、疲劳驾驶对驾驶人作用机理研究，提取 P300 等成分指标，挖掘驾驶人脑电特征，形成驾驶人认知行为量化模型。

**本章参考文献**

[1] 陈亮,熊坚,郭凤香,等. 基于视觉及认知的驾驶模拟器图像标定方法[J]. 中国公路学报,30(1):129-135.

[2] 龚鸣. 驾驶模拟器视认特性的有效性研究[D]. 北京:北京工业大学,2011.

[3] DING H, ZHAO X, RONG J, et al. Experimental research on the effectiveness of speed reduction markings based on driving simulation: A case study [J]. Accident Analysis & Prevention, 2013, 60: 211-218.

[4] 赵晓华,关伟,黄利华,等. 急弯处警告标志位置对驾驶行为的影响研究[J]. 公路交通科技,2014,31(9):101-107.

[5] WU Y P, ZHAO X H, RONG J, MA J M. Influence analysis of chevron alignment signs ondrivers' speed choices at horizontal curves on highways [J]. Journal of Southeast University (Natural Science Edition), 2015, 31(3): 412-417.

[6] WU Y P, ZHAO X H, RONG J, MA J M. Effect of guide chevron alignment sign on driver performance. Journal of Beijing Institute of Technology, 2012, 21(Suppl. 2): 201-204.

[7] 赵晓华,房瑞雪,毛科俊,等. 基于生理信号的驾驶疲劳声音对策有效性实验[J]. 西南交通大学学报,2010,45(3):457-463.

[8] DU H, ZHAO X, ZHANG X, et al. Effects of fatigue on driving performance under different roadway geometries: a simulator study [J]. Traffic Injury Prevention, 2015, 16(5): 468-473.

[9] 徐建平. 美国第2代及欧洲汽车微机故障诊断系统[J]. 汽车电器,2003(6):45-48.

[10] 刘美生. 全球定位系统及其应用综述(三)——GPS的应用[J]. 中国测试技术,2006,32(6):5-11.

[11] 张利,曾连荪,秦正田. 基于GPRS网络的智能交通系统[J]. 电信快报,2001(12).

[12] QuestMobile. China Mobile Internet Annual Report in 2017 [EB/OL]. 2018-01[2021-06-24]. http://www.questmobile.com.cn/research/report-new/18. Accessed January 2018.

[13] 关伟,赵晓华,黄丽华,等. 交通标志对制动操作认知模型的影响[J]. 北京工业大学学报,2014,40(3):368-373.

[14] 关伟. 驾驶人对交通标志的视觉信息认知过程实验研究[D]. 北京:北京工业大学,2014.

# 第5章 典型城市快速路指路标志系统效用评估及优化

本章旨在借助驾驶模拟技术开展典型快速路指路标志系统效用分析,以明确典型指路标志系统中关键标志影响规律及设置效用,并探索基于模拟驾驶技术开展标志评估优化研究的可行性,为指路标志系统优化研究提供研究基础与研究思路。

## 5.1 典型城市快速路指路标志系统驾驶模拟实验

当前,针对城市快速路指路标志的相关研究,大多采用问卷调查、现状总结、经验借鉴等定性研究方法,缺少定量化、精细化的影响分析。城市快速路指路标志系统现状设置效用不明确,系统中各类标志作用规律不明确,无法确定各标志设置的必要性,难以有效开展快速路指路标志系统的优化设计设置研究。为此,本章选取北京地区典型快速路指路标志系统,开展驾驶模拟实验进行探索性研究,以明确系统中关键标志设置效用以及驾驶模拟技术方法的可行性。

### 5.1.1 实验目的

本节采用驾驶模拟实验测试手段,获取反映车辆运行状态及驾驶人操控行为的分析指标,剖析在定向、半定向、环形匝道条件下不同标志设置方案对驾驶行为的影响;并对比不同标志方案设置效用,进而获取系统中各类标志影响规律,为实现立交桥区三级预告指路标志的优化设置奠定基础。

### 5.1.2 实验设计

立交桥是快速路的重要节点,当前指路标志的设置主要针对立交桥出口。北京市五环内有245座立交桥,41.91%的立交桥位于四环。北四环望和桥是北京典型的快速路立交桥,包含3种类型立交匝道;且按照北京市地方标准设置指路标志,含有典型的多级预告及桥形标志,故以望和桥作为实验模拟对象(图5-1)。

1)实验因素与水平

研究以立交匝道类型、标志设置方案作为两种控制因素。实验设计因素与水平如表5-1所示。

实验因素与水平　　　　　　　　　表5-1

| 因素、水平 | | 1 | 2 | 3 | 4 |
|---|---|---|---|---|---|
| 1 | 标志方案 | 空白组 | 预告标志组 | 桥形标志组 | 系统组 |
| 2 | 匝道类型 | 定向匝道 | 半定向匝道 | 环形匝道 | — |

# 第 5 章 典型城市快速路指路标志系统效用评估及优化

图 5-1 北京望和桥

2) 被试招募

招募被试 31 名，男性驾驶人 22 名，女性驾驶人 9 名。被试年龄分布在 20～52 岁（$Average=29.90$，$SD=9.24$），均有 2 年以上驾龄（$Average=7.16$，$SD=5.90$）。

3) 实验仪器

采用北京工业大学 AutoSimAS 驾驶模拟实验平台开展研究，详见第 4.2 节。

4) 场景设计

以立交匝道类型（3 类：定向、半定向、环形匝道）及标志设置方案（4 种：空白组、预告标志组、桥形标志组、系统组）作为两种控制因素，共设计 12 个实验场景。

(1) 匝道类型

在本实验中，设计包含 3 种匝道类型的实验线路，每种匝道类型通向不同目的地的。图 4-3 展示了包含三种匝道类型的实验路径：

① 图 5-2(a) 实验线路 1 中，路径 A-B-C-D-D'-E 通向目的地 1（太阳宫）。驾驶人需通过右转的定向匝道到达该目的地。

② 图 5-2(b) 实验线路 2 中，路径 A-B-C-D-D'-F 通向目的地 2（顺义）。驾驶人需通过左转的半定向匝道到达该目的地。图 5-2(b) 实验线路与图 5-2(a) 相同，只是驾驶路径不同。

③ 图 5-2(c) 实验线路 3 中，路径 A-B-C-D-G-F 通向目的地 2（顺义）。驾驶人需通过左转的环形匝道到达该目的地。

为控制匝道类型对驾驶人的影响，3 种实验线路中的路段 A-D 具有相同的设计与设置，均包含：

① 0.25km 直线路段 A-B（双向 4 车道城市道路，限速 40km/h）；

② 2.5km 直线路段 B-C（双向 6 车道城市道路，限速 60km/h）；

③ 5.3km 直线路段 C-D（双向 8 车道城市快速路，限速 80km/h）。

D 点以后的匝道均是单向单车道道路（限速 30km/h）。在实验线路 3 中，D-G 路段长

0.62km，驾驶人到达 D 点后需继续驾驶 0.62km 到达环形匝道出口 G，进而驶入环形匝道到达目的地3。实验过程中，3类实验线路均无同向交通流，以避免交通流等因素的影响。依据相关标准，立交匝道出口前应设置多级预告标志、桥形标志、出口指示标志及多个出口标志，3条实验线路立交匝道出口前指路标志设置情况如图5-2所示。

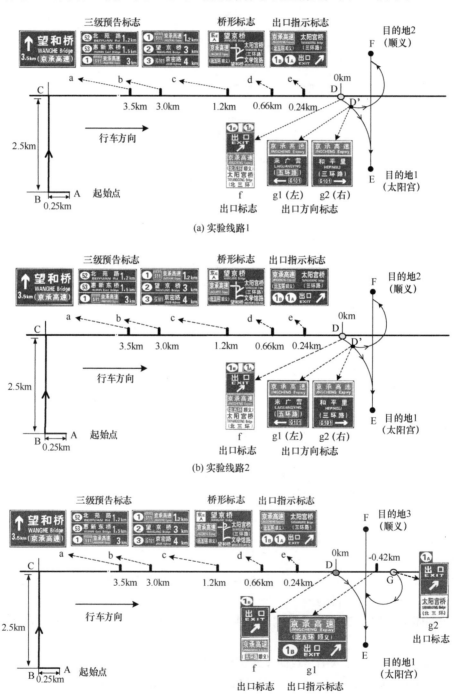

图 5-2  3条实验线路

（2）标志设置

实验包含3类线路，每类实验线路中，均在D点前设计4种指路标志设置方案：空白组、桥形标志组、预告标志组、系统组（图5-3），故共设计12个实验场景。目的在于

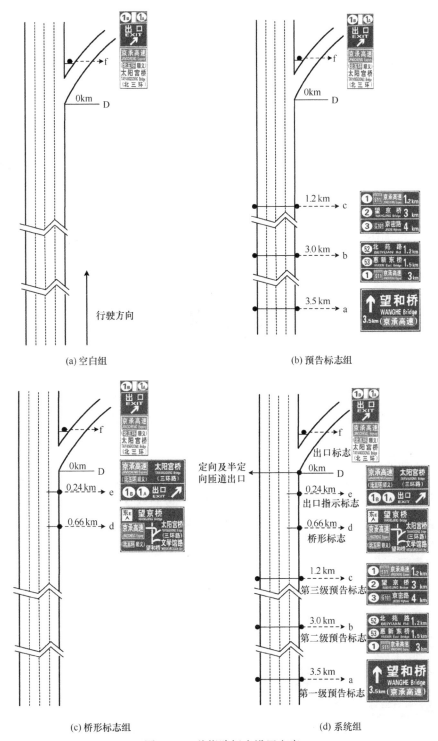

图 5-3　4 种指路标志设置方案

通过不同组别间的对比，进行三级预告标志、桥形标志、城市快速路立交桥出口指路标志系统的设置效用分析。

一方面，研究对比分析空白组与预告标志组，桥形标志组与系统组，评估预告标志分别在单独设置、系统中组合设置时的效用；此组合设置效用是指增加桥形标志后，预告标志的设置效用。另一方面，研究对比分析空白组与桥形标志组，预告标志组与系统组，评估桥形标志分别在单独设置、系统中组合设置时的效用；此组合设置效用是指增加预告标志后，桥形标志的设置效用。

### 5.1.3 数据处理

驾驶人主观问卷调查结果显示（图 5-4），47.83%的人员认为城市快速路指路标志系统中"桥形标志"指路作用最佳。该结果仅为主观评价结果，为查看指路标志系统中各类标志客观分析结果，对驾驶行为数据进行预处理。

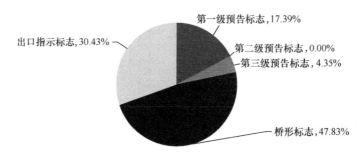

图 5-4 标志系统最佳标志选择比例

实验场景中，预告标志、桥形标志位置设置不同，对驾驶人的影响范围也不同。为了精细化分析系统中预告标志、桥形标志的设置效用，研究对获取的实验数据进行预处理，以精准找出两类标志具体影响范围。

1）预告标志

研究表明不同行驶车速条件下驾驶人开始视认标志的位置不同，即驾驶人受标志影响的起始位置不同。结合对实验场景中预告标志视认位置的反复测试，定义驾驶人在第一级预告标志前 200m 位置为视认起点。故定义该点至桥形标志前 200m 位置作为三级预告标志的作用范围，故定向/半定向匝道、环形匝道条件下三级预告标志影响范围均为 O-A，见图 5-5。此外，以每 100m 作为一个分析点，将作用范围划分为 23 段以便于获得作用范围内的关键作用。

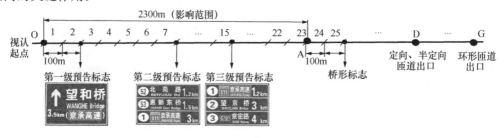

图 5-5 三级预告标志影响范围内逐段编号

2）桥形标志

结合实验道路条件，经过对虚拟场景中桥形标志视认位置的反复测试，研究定义桥形标志前方200m位置（视认起点）至通往目的地的匝道出口作为桥形标志的作用范围。则实验线路1、2的桥形标志影响范围为O-D，实验线路3的桥形标志影响范围为O-G，并将影响范围内按100m逐段划分，如图5-6所示。

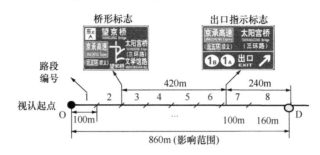

(a) 实验线路1、实验线路2（定向、半定向匝道）

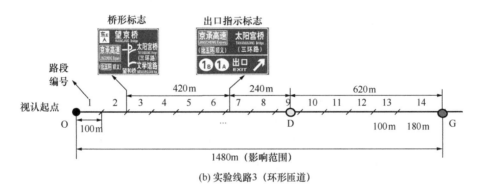

(b) 实验线路3（环形匝道）

图 5-6　作用范围内逐段划分及路段编号情况

## 5.2　预告标志设置效用评估

从行驶安全性、顺畅性的角度考虑，分析速度、速度标准差、加速度、加速度标准差、刹车次数等9个指标（表5-2），以反映驾驶人运行状态及操控行为。采用重复测量方差分析及两两对比方法，研究影响范围内三级预告标志单独设置、组合设置效用对11种指标的影响。结果显示，仅换车道次数呈显著性差异，表明三级预告标志单独设置、组合设置效用仅对影响范围内的换车道行为存在显著性影响。已有研究表明提前换车道行为有利于驾驶人正确驶入匝道出口，减少出口附近连续多次换车道现象，避免出口拥堵、保障出行安全。下文重点分析三级预告标志影响范围内的换车道行为。

**9个分析指标**　　　　　　　　　　　　　　　　　　表 5-2

| 运行状态指标<br>（4个） | 1. $V$（速度） | 2. $V_{sd}$<br>（速度标准差） | 3. $a$（加速度） | 4. $a_{sd}$<br>（加速度标准差） | — |
|---|---|---|---|---|---|
| 操控行为指标<br>（5个） | 1. 刹车次数 | 2. 刹车时间 | 3. 换车道次数 | 4. 换车道距离 | 5. $x\%$<br>（目的地出错率） |

### 5.2.1 换车道次数影响分析

以预告标志影响范围内的换车道次数作为因变量,通过重复测量方差分析及两两对比方法,在定向、半定向、环形匝道情况下,对比空白组与预告标志组、桥形标志组与系统组的换车道数,分析三级预告标志单独、组合设置的作用。

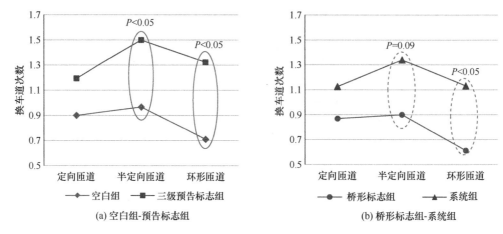

图 5-7  3 种匝道影响范围内换车道次数 LSD 两两对比结果

结果显示,半定向、环形匝道条件下,三级预告标志单独设置后影响范围内的换车道次数均显著增加($P<0.05$),如图 5-7(a) 所示;在桥形标志的基础上添加三级预告标志,影响范围内换车道次数显著增加($P=0.09$;$P<0.05$),见图 5-7(b) 所示。可以看出半定向、环形匝道条件下,三级预告指路标志的单独设置、组合设置效果相似,说明三级预告标志设置效果不受桥形标志是否设置的影响。定向匝道条件下增设三级预告标志影响范围内换车道次数均有增加趋势,但无显著性差异。此现象可能与实验样本量较少或定向匝道为最简单的出口形式存在一定关系。

### 5.2.2 换道次数关键影响区域

为揭示预告标志的作用区域,采用重复测量方差分析及两两对比方法,逐段分析不同匝道条件下影响范围内换车道次数,以获得预告标志关键影响区域。

(1) 定向匝道

进行三级预告标志影响范围内换车道次数逐段检验,显著性结果见表 5-3。

表 5-3 定向匝道影响范围内逐段 LSD 两两对比显著性结果

| 显著性影响路段编号 | 空白组-预告标志组($P$ 值) |
|---|---|
|  | 换车道次数 |
| 15 | 0.02* |
| 显著性影响路段编号 | 桥形标志组-系统组($P$ 值) |
|  | 换车道次数 |
| 18 | 0.08 |

注:表中"*"代表 $P<0.05$;$0.05 \leqslant P \leqslant 0.1$ 为边缘性显著。

以影响范围内逐段编号为横坐标、换车道次数为纵坐标，如图 5-8 所示。

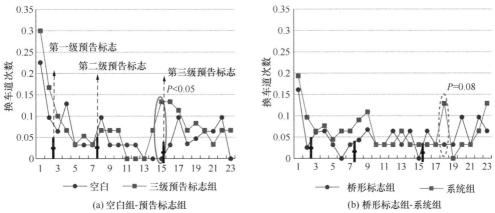

图 5-8 定向匝道影响范围内换车道次数逐段变化趋势图

结果表明，单独设置三级预告标志时，将使得驾驶人在第三级预告标志位置前 0~100m 范围内换车道次数显著增加（$P<0.05$）；系统中设置三级预告标志后，换车道次数在第二级预告标志位置附近有所增加，但边缘性显著增加（$P=0.08$）区域主要集中在第三级预告标志后方 200~300m 范围内。

可见定向匝道条件下，三级预告标志单独设置、组合设置后均将使得驾驶人换车道次数增加且关键影响区域主要集中在第三级预告标志设置位置附近。

(2) 半定向匝道

三级预告标志影响范围内换车道次数逐段检验显著性结果如表 5-4 所示。

半定向匝道影响范围内逐段 LSD 两两对比显著性结果　　　表 5-4

| 显著性影响路段编号 | 空白组-预告标志组（$P$值） |
| --- | --- |
|  | 换车道次数 |
| 17 | 0.08 |
| 显著性影响路段编号 | 桥形标志组-系统组（$P$值） |
|  | 换车道次数 |
| 16 | 0.02* |

注：表中"*"代表 $P<0.05$；$0.05 \leqslant P \leqslant 0.1$ 为边缘性显著。

以影响范围内逐段编号为横坐标、换车道次数为纵坐标，影响范围内换车道次数变化趋势如图 5-9 所示。

图 5-9(a) 显示，三级预告标志单独设置后，第二级预告标志后、第三级预告标志附近换车道次数均有增加趋势，且边缘性显著增加（$P=0.08$）区域位于第三级级预告标志后方 100~200m 范围内。图 5-9(b) 显示，在桥形标志的基础上增加三级预告标志后，第二级预告标志后换车道次数均有增加趋势，第三级级预告标志后方 0~100m 范围内换车道次数显著增加（$P<0.05$）。

此现象表明半定向匝道条件下，三级预告标志单独设置、组合设置后均将使得驾驶人换车道次数增加且关键影响区域主要集中在第三级预告标志位置后方 0~200m 范围内。

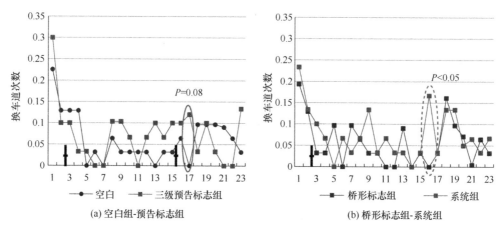

图 5-9 半定向匝道影响范围内换车道次数逐段变化趋势图

(3) 环形匝道

三级预告标志影响范围内换车道次数逐段检验结果如表 5-5 所示。

环形匝道影响范围内逐段 LSD 两两对比显著性结果 表 5-5

| 显著性影响路段编号 | 空白组-预告标志组（$P$ 值） |
| --- | --- |
| | 换车道次数 |
| 17 | 0.04* |
| 显著性影响路段编号 | 桥形标志组-系统组（$P$ 值） |
| | 换车道次数 |
| 18 | 0.08 |

注：表中"*"代表 $P<0.05$；$0.05 \leqslant P \leqslant 0.1$ 为边缘性显著。

以影响范围内逐段编号为横坐标、换车道次数为纵坐标，影响范围内换车道次数变化趋势如图 5-10 所示。

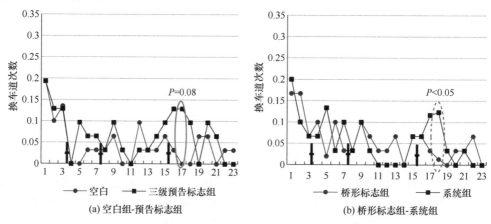

图 5-10 环形匝道影响范围内换车道次数逐段变化趋势图

图 5-10 中显示三级预告标志单独设置后，将使得驾驶人在第三级预告标志附近换车道次数增加，尤其在第三级预告标志设置位置后 100～200m 范围内（$P=0.08$）。系统中增加三级预

告标志后,第三级级预告标志后方 200~300m 范围内换车道次数显著增加（$P<0.05$）。

结果表明环形匝道条件下,三级预告标志单独设置、组合设置后均将使得驾驶人换车道次数增加且关键影响区域位于第三级预告标志设置位置后方附近 100~300m 范围内。

综上所述,定向、半定向、环形匝道条件下,三级预告标志单独、组合设置效用相似,均将使得换车道次数增加,且主要集中在第三级预告标志位置前 100m 至后方 300m 范围内。

### 5.2.3 换车道分布比例影响分析

实验道路为双向八车道,实验开始驾驶人行驶在最内侧车道即车道 1,驶入最外侧车道即车道 4,从而进入匝道出口需进行 3 次换车道行为,如图 5-11 所示。研究表明驾驶人的提前换车道行为对寻找正确匝道出口更有利,同时能够避免出口附近短距离内连续多次换车道现象的发生,保障出行安全。

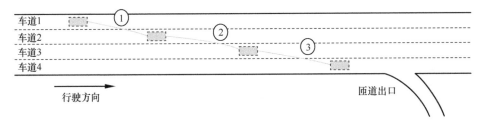

图 5-11 驾驶人驶入匝道出口换车道过程图

为明确预告标志影响下驾驶人三次换车道行为变化,研究详细分析预告标志不同设置条件下,驾驶人在影响范围内的第 1 次、第 2 次、第 3 次换车道分布比例。如第 1 次换车道分布比例是指 31 名被试在三级预告标志影响范围内进行第 1 换车道的人员比例,第 2 次、第 3 次换车道分布比例定义依此类推。

以三种匝道为横坐标、换车道分布比例为纵坐标,影响范围内空白组与预告标志组、桥形标志组与系统组三次换车道分布比例对比情况如图 5-12 所示。

从图 5-12(a)、(b) 可以看出,三种匝道条件下,4 种标志设置在三级预告标志影响范围内的第 1 次换车道分布比例无明显差异。表明在影响范围内驾驶人第 1 次换车道行为不受匝道类型、预告标志是否设置的影响。此外,图示说明影响范围内绝大部分驾驶人会进行第 1 次换车道行为。

图 5-12(c)、(d) 显示,三种匝道条件下三级预告标志单独、组合设置后,均将提高驾驶人第 2 次换车道分布比例,不同匝道条件下无明显差异。此现象映射出三级预告标志影响范围内驾驶人第 2 次换车道行为受三级预告标志设置的影响;且影响范围内驾驶人第 2 次换车道分布比例低于第 1 次换车道分布比例。

图 5-12(e)、(f) 显示,无论三级预告标志设置与否,驾驶人第 3 次换车道分布比例远远低于驾驶人第 1 次、第 2 次换车道分布比例。且三种匝道条件下,三级预告标志单独、组合设置前后,驾驶人在影响范围内第 3 次换车道分布比例差别不明显,部分有增加趋势。

以上分析结果表明,三级预告标志单独、组合设置前后,驾驶人在影响范围内第 1 次、第 2 次、第 3 次换车道分布比例差别不明显;为进一步查看影响范围内三次换车道分

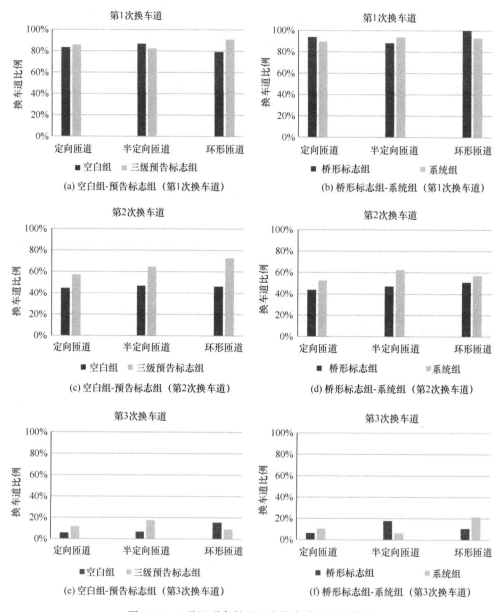

图 5-12 三种匝道条件下三次换车道人员比例图

布比例具体均值,以及有无三级预告标志前后换车道分布比例具体差值,研究统计驾驶人三次换车道分布比例,如表 5-6 所示。

结果表明,不论标志如何设置,影响范围内第 1 次换车道分布比例为 88.86%,第 2 次换车道分布比例为 53.80%,第 3 次换车道分布比例为 11.50%。可以看出在影响范围内,绝大部分人员仅有 1 次换车道行为,一半左右人员有 2 次换车道行为,仅小部分人员完成全部 3 次换车道行为。

此外,相比无三级预告标志状态,有三级预告标志后,第 1 次换车道分布比例将增加 0.64%,第 2 次、第 3 次换车道分布比例分别增加 14.61%、2.37%。可见,增设三级预告标志后将重点增加影响范围内驾驶人的第 2 次换车道行为,人员增加比例达到 14.61%。该现象能够有效提前驾驶人换车道行为,且减少出口附近短距离内连续多次换车道的现象。

**换车道人员比例统计表** 表 5-6

| 换车道人员比例 | 无三级预告标志 | 有三级预告标志 | 均值 | 差值 |
| --- | --- | --- | --- | --- |
| 第 1 次换车道 | 88.53% | 89.18% | 88.86% | 0.64% |
| 第 2 次换车道 | 46.49% | 61.10% | 53.80% | 14.61% |
| 第 3 次换车道 | 10.31% | 12.69% | 11.50% | 2.37% |

理想状态下,设置三级预告标志应使得影响范围内最后一次换车道人员比例较高。然而第 3 次换车道人员比例仅为 11.5%且平均提高率为 2.37%,可见三级预告标志设置效果并不理想。这可能与第 1 级(3.5km)、第 2 级(3.0km)预告标志间距过近,以及第 3 级预告标志(1.2km)与出口过远存在密切关系。前者易削弱第 2 级预告标志设置效用,后者易使驾驶人认为到出口仍有较远距离,换车道较晚。可见最后一级预告标志位置、各级标志间间距科学设置极其重要。实验场景以北京望和桥为模拟对象,三级预告标志设置主要依据北京市地方标准,表明标准中有关预告标志设置规范仍有提升空间,相关研究有待深入开展。

综上所述,可以获得以下主要结论:

(1)三级预告标志对换车道行为的影响与桥形标志是否设置无关;实际应用中,进行三级预告标志效用分析时,无需考虑桥形标志的影响。

(2)定向、半定向、环形匝道条件下,三级预告标志设置后增加影响范围内换车道次数,且关键增加区域位于第三级预告标志前 100m 至后方 300m 范围内;

(3)设置三级预告标志后将提高第 2 次、第 3 次换车道人员比例,分别提高 14.61%、2.37%,有效提前驾驶人换车道行为。

此外,可以发现最后一级预告标志的位置、各级标志间的间距设置极其重要。匝道出口前方外侧车道流较多,标志引导不当极易造成交通安全、拥堵问题,实际应用中可通过调整最后一级预告标志位置及各级标志间的间距,控制车辆换车道位置,提高最内侧 1~2 条车道通行能力,保障匝道出口处行车安全、畅通。

## 5.3 桥形标志设置效用评估

采用重复测量方差分析及两两对比方法,研究桥形标志单独设置、组合设置效用对 9 种指标的影响。表 5-7 结果显示,桥形的设置对 $V$(速度)、换车道次数、$x\%$ 呈显著性差异。则下文重点分析桥形标志影响范围内三类指标的变化情况。

**9 种分析指标表** 表 5-7

| 运行状态指标<br>(4 个) | 1. $V$(速度) | 2. $V_{sd}$<br>(速度标准差) | 3. $a$(加速度) | 4. $a_{sd}$<br>(加速度标准差) | — |
| --- | --- | --- | --- | --- | --- |
| 操控行为指标<br>(5 个) | 1. 刹车次数 | 2. 刹车时间 | 3. 换车道次数 | 4. 换车道距离 | 5. $x\%$<br>(目的地出错率) |

### 5.3.1 速度影响分析

对4种标志设置方案影响下的速度进行重复测量方差分析,结果显示半定向匝道条件下存在显著性影响($F_{(3,87)}=3.246$;$P=0.038$),环形匝道条件下存在边缘性显著影响($F_{(3,87)}=2.379$;$P=0.096$),定向匝道条件下无影响。

为了获取桥形标志在单独设置、组合设置中的效用,将空白组与桥形标志组、预告标志组与系统组进行对比分析。结果显示,3种匝道条件下桥形标志单独设置对速度指标无显著影响,如图5-13所示。然而,桥形标志组合设置时,在半定向、环形匝道条件下能够在显著降低车速($P=0.024$;$P=0.031$),在定向匝道条件下无显著影响($P>0.05$)。

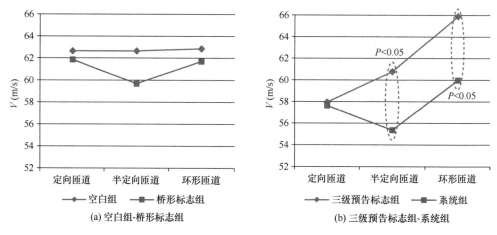

图5-13 三种匝道条件下速度LSD对比结果

此外,分析了在半定向、环形匝道条件下桥形标志组合设置效用对逐段速度的影响,如图5-14所示。

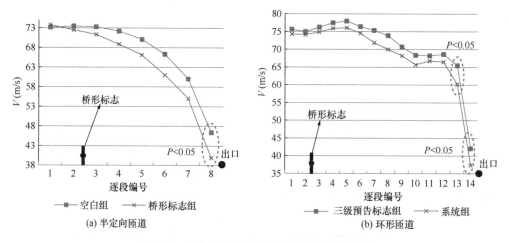

图5-14 两种匝道条件下速度显著性影响区域

半定向匝道条件下,相比预告标志组,桥形标志增设后匝道出口附近160m范围内(路段编号8)速度显著下降($P<0.05$)。

环形匝道条件下,在预告标志设置的基础上,增设桥形标志能够显著降低匝道出口前280m范围内(路段编号13、14)的速度。

可以看出,桥形标志与预告标志组合设置时,相比仅有预告标志,驾驶人能够在出口前0~300m范围内降速,以更低速度驶入匝道出口。

### 5.3.2 换车道次数影响分析

分析结果表明,相比空白组,桥形标志单独设置时能使得驾驶人换车道次数显著降低,尤其是在半定向、环形匝道条件下,如图5-15所示。

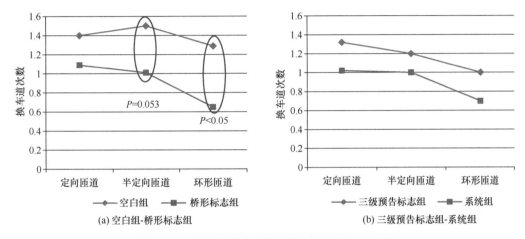

图 5-15 三种匝道条件下换车道次数 LSD 对比结果

半定向匝道条件下,桥形标志的单独设置效用将降低驾驶人换车道次数,该影响呈边缘线显著效果($P=0.053$)。

环形匝道条件下,将显著降低驾驶人换车道次数($P=0.007$)。

桥形标志组合设置效用虽然能够降低驾驶人换车道次数,但降低变化并未呈现显著性效果,这可能与预告标志设置效用存在一定的关系。第5.2节中得出,预告标志单独设置时能够有效改善驾驶人换车道行为,相比之下增设桥形标志后系统组对驾驶人换车道次数的降低效果并不明显。

### 5.3.3 出错率影响分析

图 5-16 显示了桥形标志在单独、组合设置条件下对驾驶人出错率的影响。

定向匝道条件下,在三级预告标志的基础上,增设桥形标志后将降低驾驶人出错率,降低效果呈边缘线显著($P=0.073$)。然而,相比空白组,桥形标志单独设置时,驾驶人出错率降低,但降低效果无显著性。

半定向匝道条件下,具有相似效果。桥形标志组合设置效用将降低驾驶人出错率($P=0.088$)。桥形标志单独设置效用未能显著降低驾驶人出错率。

环形匝道条件下桥形标志的单独、组合设置效用并未显著影响驾驶人出错率。整体上,相比其他两种匝道,环形匝道条件下驾驶人出错率较低。表明环形匝道条件下,驾驶人能更好地寻找目的出口。这可能与环形匝道出口位于定向、半定向匝道出口后方620m,

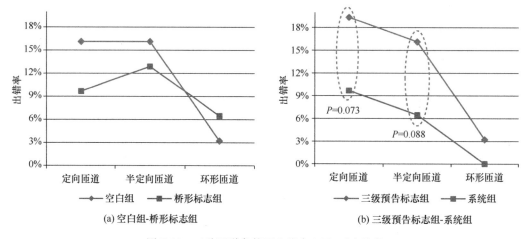

(a) 空白组-桥形标志组　　　　　　(b) 三级预告标志组-系统组

图 5-16　三种匝道条件下出错率 LSD 对比结果

能够给驾驶人提供更多时间寻找目的地有关。此外，定向、半定向匝道出口为一带二（一个出口通向两个方向）的形式，出口标志指示信息较多；相比之下，环形匝道出口为单出口单方向，出口标志指示信息单一更容易被驾驶人理解。这可能也是环形匝道条件下，驾驶人出错率更低的原因。

### 5.3.4　设置效用对比分析

为了对比桥形标志单独、组合设置效用，总结三种匝道条件下显著影响指标志及指标影响，如表 5-8 所示。

3 种匝道条件下桥形标志显著性影响指标　　　　　表 5-8

| 指标 | $V$（影响范围内） | | $V$（关键路段） | | 换车道次数 | | $x\%$ | |
|---|---|---|---|---|---|---|---|---|
| 设置效用 | 单独 | 组合 | 单独 | 组合 | 单独 | 组合 | 单独 | 组合 |
| 定向匝道 | — | — | — | — | — | — | — | $P=0.073↓$ better |
| 半定向匝道 | — | $P<0.05↓$ better | — | $P<0.05↓$ better | $P=0.053↓$ better | — | — | $P=0.088↓$ better |
| 环形匝道 | — | $P<0.05↓$ better | — | $P<0.05↓$ better | $P<0.05↓$ better | — | — | — |

注："—"表示 $P>0.05$；"↓"箭头代表该效用对指标的影响降低；空白处表示对指标无显著性影响；"better"代表对指标的影响变好。

表 5-8 中显示，定向匝道条件下仅出错率在桥形标志组合设置效用下显著降低。相比其他匝道类型，定向匝道条件下显著性影响指标更少，这可能与定向匝道作为最普遍的出口类型且驾驶人很容易理解有关。除出错率指标外，半定向、环形匝道条件下分析结果基本一致。桥形标志组合设置效用能够显著降低驾驶人在出口附件的行驶速度，增加驾驶人进入匝道出口的安全性。桥形标志单独设置时能够显著降低影响范围内换车道次数，减少

不必要的换车道行为。此外，半定向匝道条件下桥形标志组合设置效用能显著降低驾驶人出错率，有效避免走错出口行为。可以看出，桥形标志单独设置效用能够有效影响换车道行为，桥形标志与预告标志组合设置后能够更多地改善驾驶运行状态，尤其在半定向匝道条件下。

综上所述，针对桥形标志对驾驶人的影响分析得出以下主要结论：

（1）47.83%被试人员认为快速路指路标志系统中"桥形标志"指路作用最佳。

（2）桥形标志单独设置时，将使得驾驶人在半定向、环形匝道条件下换车道次数显著降低。

（3）桥形标志与预告标志组合设置时，将使驾驶人在半定向、环形匝道条件下行驶速度显著降低，尤其是在出口附近；并降低驾驶人在定向、半定向匝道条件下的出错率。

（4）相对桥形标志单独设置，桥形标志与预告标志组合设置是能够更多地改善驾驶行为，建议桥形标志同预告标志进行组合设置。

（5）驾驶人在三种匝道条件下的驾驶行为不同。相比之下，定向匝道条件下桥形标志对驾驶行为影响更小。这可能与定向匝道更容易理解存在一定的关系。

**本章参考文献**

[1] 杨晓光，白玉等. 交通设计[M]. 北京：人民交通出版社，2010.

[2] 黄利华，赵晓华，李洋，等. 快速路立交桥区预告标志对驾驶人的影响研究[J]. 重庆交通大学学报（自然科学版），38(2)：86-93.

[3] 赵晓华，黄利华，荣建. 快速路复杂立交桥区立交桥形标志对行驶速度的影响[J]. 北京工业大学学报，2015，41(9)：1405-1414.

[4] 黄利华，赵晓华，李洋，等. 快速路复杂桥形标志优化设置方法[J]. 中国公路学报，2018，31(4)：139-146.

[5] QIAO, F., LIU, X., YU, L. Using Driving Simulator for Advance Placement of Guide Sign Design for Exits along Highways[C]//In Proceedings of the Driving Simulator Conference (DSC) 2007 North America in Iowa City (pp. 12-14).

[6] FITZPATRICK K, CHRYSLER ST, NELSON AA, et al. Driving simulator study of signing for complex interchanges[C]//Transportation Research Board 92nd Annual Meeting. 2013 (13~1682).

[7] ZWAHLEN H T, RUSS A, ROTH J M, et al. Evaluation of the Effectiveness of Ground Mounted Diagrammatic Advance Guide Signs for Freeway Entrance Ramps[C]//Transportation Research Board 82nd Annual Meeting compendium of papers. 2002.

[8] 裴玉龙，程国柱. 高速公路车速离散型与交通事故的关系及车速管理研究[J]. 中国公路学报，2004，17(1)：74~78.

[9] 姜军；王紫鹏；吴靖；陆建. 典型车速控制措施的有效性与适应性分析[J] 交通信息与安全. 2010.

[10] LU J J, LU L, LIU P, et al. Safety and operational performance evaluation of four types of exit ramps on Florida's freeways[R]. University of South Florida. Transportation Group 2010.

[11] 赵晓华. 城市快速路指路标志系统效用评估及优化设置方法研究[R]. 北京：北京交通委员会，北京市交通行业科技项目报告(2016-kjc-01-002)，2016.

# 第6章　城市快速路路段出口标志效用评估及优化

本章旨在借助驾驶模拟实验，获取驾驶行为测试数据，分析两种路段出口间距条件下不同预告次数对驾驶人的影响规律；并考虑出口间距与预告次数的交互效应，搭建出口预告标志效用评估指标体系；基于熵权法的TOPSIS方法，评估不同预告方案设置效用，为优化城市快速路密集化路段出口的预告标志设置提供科学依据。

## 6.1　快速路路段出口预告标志现状

由于城市快速路能够满足城市内与城市间的大容量、高速度及长距离的出行需求，其在城市道路路网中的重要性越来越突出。城市快速路出口主要包含立交出口、路段出口两种类型，如图6-1所示。快速路立交出口通常连接高等级道路或区域；路段出口位于立交桥之间，一般通达低等级道路或地点。近年来，城市中心区域交通压力增大，城市快速路出口趋于密集化，出口处交通问题日益增加，特别是路段出口。由于路段出口预告标志设置不合理、不规范等问题，而诱发的出口处随意并线、急减速、倒车、驻留等危险现象屡见不鲜。

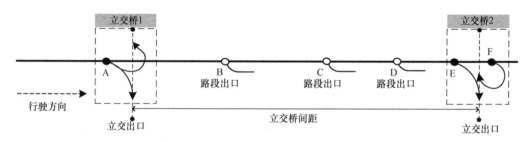

图6-1　快速路立交出口、路段出口

注：A、B、C、D、E和F是快速路出口，其中A、E和F是立交出口，B、C和D是路段出口

然而，我国现有规范针对小间距出口条件下城市快速路路段出口预告标志设置方法缺少明确规定，实际工程应用中预告标志随意设置的现象普遍存在。例如北京市城市快速路总长约390km，五环内拥有立交桥245座；北京市二环、三环、四环路，立交桥平均间距1km，60%立交桥间距小于1km。为连接低等级城市道路，立交桥之间一般有1~3个路段出口，致使路段出口间距普遍在700m左右，部分间距缩小至250m左右。以北京南二环及通惠河北路的4个小间距路段出口为例，分析其预告标志设置现状，如图6-2所示。

4个路段出口预告标志存在设置次数、位置、形式不一致问题，现状设置不统一现象普遍存在，如表6-1所示。事实上，出口预告信息的缺失或不及时，将直接影响驾驶人的行驶安全及出行效率，并易诱发交通拥堵问题，严重影响快速路服务水平及道路安全水平。

# 第 6 章 城市快速路路段出口标志效用评估及优化

(a) 北京南二环小间距路段出口

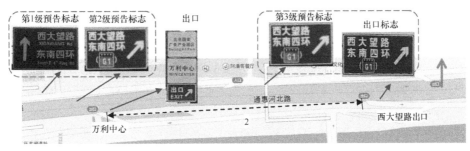

(b) 通惠河北路小间距路段出口

图 6-2 北京快速路小间距路段出口指路标志

**4 个小间距路段出口预告标志的设置参数** 表 6-1

| 道路 | 出口 | 预告次数 | 预告标志位置（减速车道起点前） |
| --- | --- | --- | --- |
| 南二环 | 方庄路出口 | 2 | 1.3km，0.2km |
|  | 芳古路出口 | 1 | 减速车道起点 |
| 通惠河北路 | 万利中心出口 | 0 | — |
|  | 西大望路出口 | 3 | 1.3km，0.4km，减速车道起点 |

实际上，快速路路段出口预告标志缺失、随意设置等问题已经成为国内外普遍存在问题。以日本快速路路段出口为例，两路段出口间距为 340m，且同样存在预告次数不一、预告位置不一的问题，如图 6-3 所示。

图 6-3 日本快速路小间距路段出口指路标志

当前，我国城市快速路主要为双向 6 车道道路，且出口密集、标志设置空间受限。为合理分配空间资源，现状预告标志以门架式多出口组合预告标志为主，并配合悬挂式预告标志。以北京市快速路某出口 D 为例，双向 6 车道条件下最多可设 4 次预告标志，如图 6-4 所示。

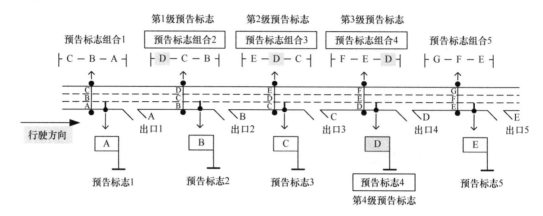

图 6-4　双向 6 车道条件下 D 出口预告标志

## 6.2　快速路路段出口预告标志优化实验

### 6.2.1　实验目的

选取北京市两种典型快速路小间距、大间距路段出口（间距分别为 250m、700m），分别设计 5 种预告标志设置方案，搭建驾驶模拟实验场景。开展驾驶模拟实验，获取驾驶行为测试数据，分析两种路段出口间距条件下不同预告次数对驾驶人的影响规律。搭建评估指标体系，采用基于熵权法的 TOPSIS 方法，评估不同预告方案设置效用，获取路段出口预告标志优化设置方法。

### 6.2.2　实验设计

1）实验因素与水平

结合现状分析，并依据前期调研及国内外专家建议，选取北京市两种典型快速路路段出口间距及 5 种出口预告方案，共设计 10 条实验场景。5 种预告方案分别设置 5 种出口预告次数，即按照我国相关规范设置 1 次、2 次、3 次、4 次预告标志及日本 4 次预告方式，场景中预告标志设置参数如表 6-2 所示。采用驾驶模拟技术开展研究，以获得小间距、大间距路段出口预告标志的优化方法。

2）被试人员招募

招募被试人员 28 名，其中男女比例 3∶1，非职业、代驾司机比例 5∶9。被试人员年龄分布在 20～55 岁（$AV=33.18$，$SD=8.78$）❶，驾龄分布在 2～23 年（$AV=8.72$，

---

❶　$AV$ 代表平均年龄；$SD$ 代表年龄标准差。

$SD=5.84$)。被试人员身体状况均良好,无色弱、色盲。实验前禁止被试人员饮用茶或咖啡等刺激性饮品,要求被试人员充足休息,确保实验当天有良好的精神状态。

**10 条实验场景预告标志的设置参数** 表 6-2

| 出口间距 | 预告次数 | 预告标志位置(减速车道起点前) |
| --- | --- | --- |
| 小间距 250m | 1 次 | 减速车道起点 |
| | 2 次 | 0.5km、减速车道起点 |
| | 3 次 | 1km、0.5km、减速车道起点 |
| 大间距 700m | 4 次 | 2km、1km、0.5km、减速车道起点 |
| | 4 次(日本) | 0.8km、0.4km、0.2km、减速车道起点 |

3)实验仪器

采用北京工业大学 AutoSimAS 驾驶模拟实验平台开展研究,详细介绍见第 4.2 节。

4)场景设计

10 个场景中包含 2 种实验线路,其中 5 个场景具有小间距(250m)路段出口,其他 5 个场景具有大间距(700m)路段出口。实验场景中城市快速路出口预告标志均按照北京市现行规范进行设置,以两类间距条件下 4 次预告的实验场景为例,如图 6-5 所示。

在两类实验线路中,E 点以前由相同的 3 个路段组成:

(1) B 为 0.5km 的实验起始路段(双向 4 车道,限速 60km/h);

(2) C 为 1km 的实验过渡路段(双向 2 车道,限速 30km/h);

(3) E 为 1.75km 的城市快速路路段(双向 6 车道,限速 80km/h)。

E 点以后,两类实验路线道路结构不同:

小间距实验线路包含 F、G 两个路段出口,且 E-F、F-G 间距均为 250m。M 是目的出口 G 的减速车道渐变段起点,M-G 为 0.1km。

大间距实验线路包含 H、I 两个路段出口,且 E-H、H-I 间距均为 700m。N 是目的出口 I 的减速车道渐变段起点,N-I 为 0.1km。

本实验中,每条场景按照北京市现行规范对实验目的出口进行 1 次、2 次、3 次、4 次预告,并按照日本快速路出口预告标志设置现状进行 4 次预告;其他出口按照北京规范设置 4 次预告,设置形式见图 6-4。以按照北京规范设置 4 次预告为例(省略其他出口预告标志),如图 6-5 所示。所有测试路名均从全国各地路名(北京除外)中随机选取。每条场景道路长约 4km,驾驶时间约 5min。道路测试过程中,有少量交通流,但不影响实验车辆自由行驶。

5)实验过程

每位被试随机驾驶 10 个实验场景,实验步骤简介如下:

(1)练习驾驶:被试在非实验场景中驾驶 5min,以适应模拟车辆及周围环境。

(2)告知任务:告知被试人员实验注意事项,如车辆限速、事故处理等;并告知此次去往目的地,要求按照日常驾驶习惯完成驾驶任务。

(3)正式驾驶:被试开始驾驶,模拟系统采集实验数据。

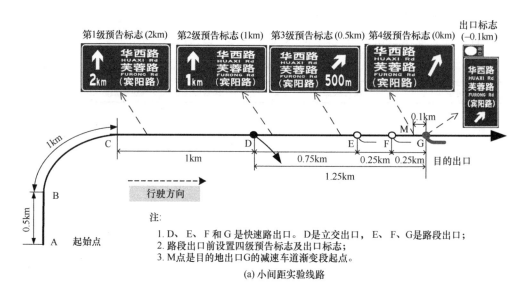

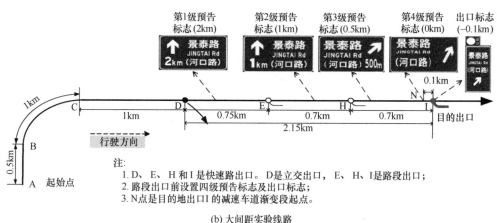

图 6-5 实验道路及 4 次预告标志设置示例

（4）结束任务：驾驶结束后，工作人员提问并记录被试人员在本场景中寻找目的地难易程度。随后被试人员休息 5~10min，之后重复步骤（2），驾驶新的实验场景。

（5）问卷填写：被试人员将 10 个场景全部完成后，填写驾驶后主观问卷。

## 6.3 路段出口预告次数对驾驶人的影响分析

### 6.3.1 指标选取

研究表明高速公路或快速路出口前 500m 是驾驶人的关键运行区域。因此，定义出口前 500m 为关键影响范围，以查看不同预告标志方案对驾驶人在关键区域的影响。则小间距、大间距实验线路的关键影响范围分别为 O-G、O-I，如图 6-6(a)、(b) 所示。

基于驾驶人认知过程，从主观感受、操控行为、车辆运行 3 个层面，获取关键影响范围内的 8 种指标数据，建立影响指标体系（图 6-6(c)）。开展各项指标的精细分析，明确

# 第6章 城市快速路路段出口标志效用评估及优化

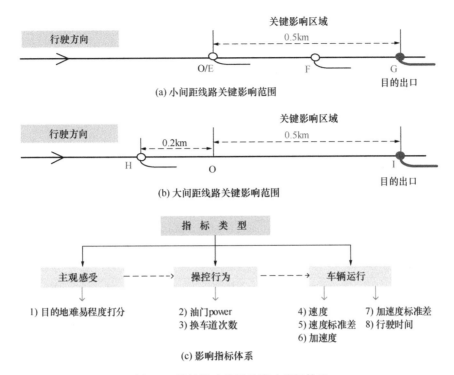

图 6-6 关键影响范围及影响指标体系

预告标志对驾驶人综合影响的规律,为预告标志的效用评估奠定基础。各类指标定义如下:

1) 主观感受

目的地难易程度打分:驾驶人对寻找目的地难易程度的主观打分。0 分代表非常难,10 分代表非常容易。

2) 操控行为

(1) 油门 power:驾驶人踩油门的功效和,关键影响范围内值越小表明驶出出口安全性越高。

$$\text{油门 power} = \sum A \Delta t \tag{6-1}$$

式中 $A$——踩油门的深度,范围 0~1(0 代表未踩油门,1 代表踩油门最大深度);

$\Delta t$——采集数据间隔时间。

(2) 换车道次数:有效的预告标志能够引导驾驶人及时换车道,关键影响范围内换车道次数越少越好。

3) 车辆运行

(1) 速度:车辆行驶快慢情况,越接近运行速度行驶状态越好;

(2) 速度标准差:车辆行驶速度波动或行驶平稳情况,波动越小越好;

(3) 加速度:车辆加减速情况,与运行状态有关,行驶越顺畅越好;

(4) 加速度标准差:加速度波动情况,表征行驶舒适程度,越小越好;

(5) 行驶时间:车辆运行时长,代表行驶效率,越短越好。

### 6.3.2 预告次数对驾驶人的影响

针对 8 种指标，采用 5×2 的多因素重复测量方差分析，分析两种实验因素对驾驶行为的影响，分析结果如表 6-3 所示。结果发现，不同路段出口间距、预告次数对驾驶人主观感受、操控行为、车辆运行方面影响均不相同。预告标志方案主要影响驾驶人主观感受及操控行为指标，路段间距主要影响车辆运行指标。

重复测量方差分析结果　　　　　　　　　　　　　　　表 6-3

| 三个层面 | 8 种指标 | 预告方案主效应 | 路段间距主效应 | 交互效应（预告方案×路段间距） |
|---|---|---|---|---|
| 主观感受 | 目的地难易程度打分 | $F_{(4,270)}=12.408$<br>$P=0.000*$ | $F_{(1,270)}=1.731$<br>$P=0.178$ | $F_{(4,270)}=2.688$<br>$P=0.113$ |
| 操控行为 | 油门 power | $F_{(4,270)}=8.683$<br>$P=0.000*$ | $F_{(1,270)}=10.730$<br>$P=0.003*$ | $F_{(4,270)}=0.922$<br>$P=0.523$ |
| 操控行为 | 换车道次数 | $F_{(4,270)}=4.290$<br>$P=0.011*$ | $F_{(1,270)}=0.005$<br>$P=0.942$ | $F_{(4,270)}=3.223$<br>$P=0.033*$ |
| 车辆运行 | 速度 | $F_{(4,270)}=2.304$<br>$P=0.094$ | $F=5.416$<br>$P=0.029*$ | $F_{(4,270)}=3.534$<br>$P=0.025*$ |
| 车辆运行 | 速度标准差 | $F_{(4,270)}=0.654$<br>$P=0.631$ | $F_{(1,270)}=2.312$<br>$P=0.142$ | $F_{(4,270)}=0.370$<br>$P=0.827$ |
| 车辆运行 | 加速度 | $F_{(4,270)}=2.362$<br>$P=0.088$ | $F_{(1,270)}=10.973$<br>$P=0.003*$ | $F_{(4,270)}=1.031$<br>$P=0.415$ |
| 车辆运行 | 加速度标准差 | $F_{(4,270)}=0.382$<br>$P=0.819$ | $F_{(1,270)}=0.238$<br>$P=0.631$ | $F_{(4,270)}=0.172$<br>$P=0.950$ |
| 车辆运行 | 行驶时间 | $F_{(4,270)}=0.887$<br>$P=0.490$ | $F_{(1,270)}=9.522$<br>$P=0.005*$ | $F_{(4,270)}=3.345$<br>$P=0.030*$ |

1）主观感受

目的地难易程度打分：预告次数对驾驶人寻找目的地难易感受存在显著性影响（$P<0.05$）；随着预告次数增加，分值增高，表明驾驶人认为预告标志增多有助于寻找目的地，如图 6-7 所示。

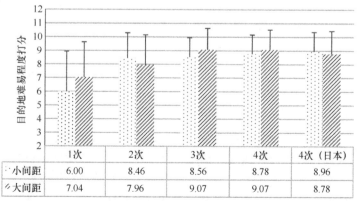

图 6-7 预告方案对主观感受指标的影响

2) 操控行为

油门power：预告次数、路段间距对油门功效均存在显著性影响（$P<0.05$）。随着预告次数增加，油门功效降低，按照我国规范设置4次预告时反而有小幅增加。同时，在大间距路段出口条件下油门功效更大，如图6-8（a）所示。

换车道次数：预告次数对换车道次数存在显著性影响（$P<0.05$）；随着预告次数增加，换车道次降低，如图6-8（b）所示。同时，换车道次数亦受到交互效应的显著影响（$P<0.05$）。

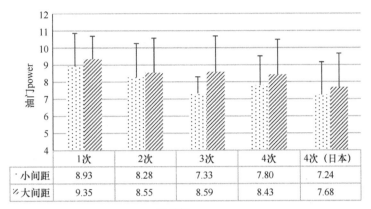

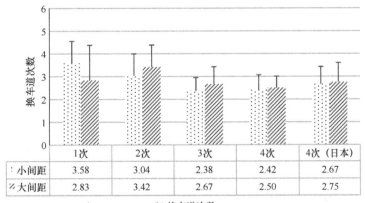

图6-8 预告方案对操控行为指标的影响

3) 运行状态

运行状态的5个指标中，速度标准差、加速度标准差并未受到预告次数、路段出口间距及交互效应的显著影响（$P>0.05$），说明预告次数及出口间距的变化未显著影响驾驶人行驶过程中的行驶稳定性及舒适性。

速度：预告次数对行驶速度存在边缘性显著性影响（$P=0.094$），随着预告次数增加，行驶速度有降低趋势，如图6-9（a）所示。相比小间距路段出口，大间距条件下速度明显较低（$P<0.05$）。同时，预告次数与路段出口间距的交互效应显著影响了行驶速度（$P<0.05$），3次预告标志方案在大间距条件下速度显著低于小间距条件。

加速度：预告次数对加速度存在边缘性显著影响（$P=0.088$），随着预告次数增加，加速度降低。路段出口间距对加速度存在显著性影响（$P<0.05$），大间距条件下的加速度明显较大，如图 6-9（b）所示。

行驶时间：路段出口间距对行驶时间存在显著性影响（$P<0.05$），大间距条件下驾驶人行驶时间明显较大，如图 6-9（c）所示。同时，交互效应对行驶时间也存在显著影响（$P<0.05$）。相比大间距条件，小间距条件下 3 次预告方案作用下行驶时间明显较低，表

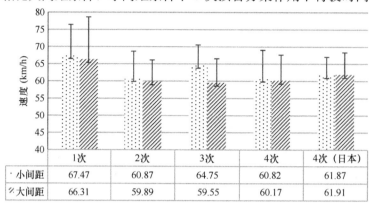

(a) 速度

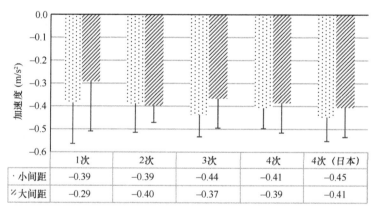

(b) 加速度

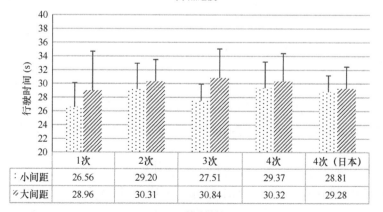

(c) 行驶时间

图 6-9　预告方案对运行状态指标的影响

明驾驶人行驶效率较高。

可见,不同预告次数、路段出口间距影响驾驶人行驶过程中的主观感受、操控行为、车辆运行,尤其是对目的地难易程度打分、油门power、换车道次数、速度、加速度及行驶时间6种指标存在显著性影响($P<0.05$)。为获得两种路段出口间距条件下预告标志优化设置方案,研究选取以上6种显著性影响指标作为效用评估指标,以从各个方面综合评估预告标志方案的设置效用。

## 6.4 路段出口预告标志设置效用综合评价

仅基于以上分析难以确定各方案的优劣,且6种指标权重不明确,无法实现对预告方案设置效用的精准评估。相关研究表明熵权法是最客观的权重赋值方法,TOPSIS是小样本条件下多目标决策的有效分析方法。因此,研究考虑采用客观的熵权法进行指标赋权,并结合TOPSIS方法有效解决本研究中多目标决策分析的问题,进而实现每种间距条件下5种预告方案设置效用的综合评价。

### 6.4.1 基于熵权赋值的TOPSIS方法原理

基于熵权赋值的TOPSIS方法具体计算过程介绍如下。

1) 建立多目标决策矩阵

基于$m$种方案的$n$种指标,建立多目标决策矩阵,$\boldsymbol{X}=(X)_{nm}$。本研究中,目的地难易程度打分属于正向指标,速度、行驶时间属于适度指标,加速度、油门power、换车道次数属于逆向指标,且6种指标量纲不一致。为得出有效结论,分析前须将决策矩阵$\boldsymbol{X}$进行同趋化处理获得矩阵$X_{IJ}^{\#}$,并将矩阵$X_{IJ}^{\#}$标准化获得标准化矩阵$X_{ij}^{*}$,$X_{ij}^{*}=\dfrac{X_{IJ}^{\#}}{\sqrt{\sum_{i=1}^{n}(X_{ij}^{\#})^{2}}}$。

2) 获得指标权重

针对标准化矩阵$X_{ij}^{*}$,采用熵权赋值法,获取$n$种指标权重及排序结果。

3) 计算欧氏距离

利用权重$W_i$与标准化矩阵$X_{ij}^{*}$,构造规范化加权矩阵$U_{ij}$。基于加权矩阵,获取正理想解:$U_j^{+}=\max\{U_{ij}\}$;负理想解:$U_j^{-}=\min\{U_{ij}\}$,$j=1,2,\cdots\cdots,m$。

最终,计算单元与正负理想解的距离:正理想解:$D_i^{+}=\sqrt{\sum_{j=1}^{n}(u_{ij}-U_j^{+})^{2}}$;负理想解:$D_i^{-}=\sqrt{\sum_{j=1}^{n}(u_{ij}-U_j^{-})^{2}}$。获得评价方案与最优及最劣解的欧氏距离。

4) 确定综合评分

基于$D_i^{+}$、$D_i^{-}$,计算各评价方案与最优解的相对接近度:$C_i^{*}=\dfrac{D_i^{-}}{D_i^{+}+D_i^{-}}$,$0\leqslant C_i^{*}\leqslant 1$,$C_i^{*}$越接近于1,表明方案综合评定越优,反之则越差。

### 6.4.2 小间距路段出口

采用熵权赋值的TOPSIS方法,针对小间距路段出口的5种预告标志方案开展综合评估,并结合正确驶出比例指标进行评估效果验证。此外,研究采用 K-means 聚类分析综合评估分值差异,以获得小间距路段出口最少建议预告次数。

1) 综合评估

依据基于熵权法 TOPSIS 计算过程,针对 6 种显著性指标评估小间距路段出口 5 种预告标志方案。

(1) 建立多目标决策矩阵

基于 5 种预告方案的 6 种指标,建立多目标决策矩阵,$X=(X)_{nm}$($m=5$,$n=6$),如表 6-4 所示。

5 种方案、6 种指标的多目标决策矩阵　　　　　表 6-4

| 5 种方案 | 6 种显著性指标 | | | | | |
|---|---|---|---|---|---|---|
| | 换车道次数 | 油门 power | 速度(km/h) | 行驶时间(s) | 加速度(m/s²) | 难易程度打分 |
| 1 次 | 3.58 | 8.93 | 67.97 | 26.56 | 0.39 | 6.00 |
| 2 次 | 3.04 | 8.28 | 61.74 | 29.20 | 0.39 | 8.46 |
| 3 次 | 2.38 | 7.33 | 64.99 | 27.51 | 0.44 | 8.56 |
| 4 次 | 2.42 | 7.80 | 61.45 | 29.37 | 0.41 | 8.78 |
| 4 次(日本) | 2.67 | 7.24 | 62.02 | 28.81 | 0.45 | 8.96 |

(2) 获得指标权重

针对标准化矩阵 $X_{ij}^*$,采用熵权赋值法,获取 6 种指标权重及排序结果。

$$W_i = (0.173 \quad 0.165 \quad 0.163 \quad 0.164 \quad 0.164 \quad 0.171)$$

6 种指标的权重由大到小排序为:换车道次数>目的地难易程度打分>油门 power>加速度>行驶时间>速度。可以看出换车道次数、目的地难易程度打分及油门 power 对预告方案效用评估有较大影响。

(3) 计算欧氏距离

利用权重 $W_i$ 与标准化矩阵 $X_{ij}^*$,构造规范化加权矩阵 $U_{ij}$。基于加权矩阵,获取正理想解:$U_j^+ = \max\{U_{ij}\}$;负理想解:$U_j^- = \min\{U_{ij}\}$,$j=1,2,\cdots\cdots,m$。

$$U^+ = (0.09 \; 0.08 \; 0.08 \; 0.08 \; 0.08 \; 0.08)$$
$$U^- = (0.06 \; 0.06 \; 0.07 \; 0.07 \; 0.07 \; 0.06)$$

最终,计算单元与正负理想解的距离:正理想解:$D_i^+ = \sqrt{\sum_{j=1}^{n}(u_{ij}-U_j^+)^2}$;负理想解:$D_i^- = \sqrt{\sum_{j=1}^{n}(u_{ij}-U_j^-)^2}$。获得评价方案与最优解及最劣解的欧氏距离。

$$D_i^+ = (0.046 \; 0.025 \; 0.008 \; 0.011 \; 0.011)$$
$$D_i^- = (0.006 \; 0.027 \; 0.042 \; 0.041 \; 0.040)$$

(4) 确定综合评分

基于 $D_i^+$、$D_i^-$,计算各评价方案与最优解的相对接近度:$C_i^* = \dfrac{D_i^-}{D_i^+ + D_i^-}$,$0 \leqslant C_i^* \leqslant 1$,$C_i^*$ 越接近于 1,表明方案综合评定越优,反之则越差。

$$C_i^* = (0.122 \; 0.515 \; 0.840 \; 0.782 \; 0.776)$$

综合得分由高到低依次为3次、4次、4次（日本）、2次及1次，如图6-10所示。按照日本规范设置4次预告时，效果不及我国3次、4次预告；该现象与首次预告位置较近、预告间距较小存在较大关系。

为核实评估结果，研究统计分析正确驶出比例指标。正确驶出比例是预告次数对驾驶人正确驶出目的出口比例。重复测量方差分析结果显示，5种预告方案对正确驶出比例存在显著性影响（$F_{(4,108)}=4.13$；$P=0.011$）。与综合评估结果相似，随着预告次数增加正确驶出比例增加，设置1次预告时正确驶出比例明显较低，设置3次、4次预告时正确驶出比例最大，见图6-11。可见，针对小间距路段出口预告方案的综合评估是有效的。

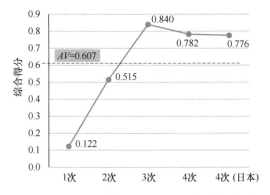

图6-10 小间距条件下5种预告方案综合得分

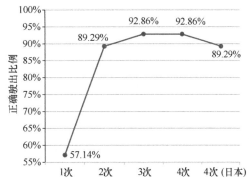

图6-11 小间距条件下5种预告方案正确驶出比例

2）聚类分析

聚类分析一般都是数值聚类，基于某种规则进行分析，使得同类分组具有最大的相似性。K-means聚类属于无监督学习的一种方法，能够在给定分类组数条件下，将原始数据分类。它实现起来比较简单，聚类效果也不错，因此应用很广泛。为了获取5种方案设置效用的分类，明确小间距路段出口建议最少预告次数，研究采用K-means聚类针对5种方案综合评估结果进行分类，结果如表6-5所示。

小间距条件下 K-means 聚类结果　　表6-5

| 间距 | 聚类分组 | |
| --- | --- | --- |
| | 第1组 | 第2组 |
| 小间距 | 3次、4次、4次（日本）、2次 | 1次 |

可以看出，聚类分为两组，第1组为预告3次、4次、4次（日本）、2次，第2组为预告1次。结果显示，进行1次预告时指路效果较差。考虑预告标志对驾驶人的综合影响，建议小间距路段出口在工程应用中，应按照我国规范在出口减速车道起点前1km、0.5km及起点处设置3次预告标志；条件受限时，应按照我国规范设置至少2次预告。

### 6.4.3 大间距路段出口

针对大间距路段出口5种预告标志方案开展综合评估，并结合正确驶出比例指标进行评估效果验证。此外，研究针对评估结果采用K-means聚类分析，以获得大间距路段出口建议最少预告次数。

1）综合评估

依据基于熵权法 TOPSIS 计算过程，针对 6 种显著性指标评估大间距路段出口 5 种预告标志方案。

(1) 建立多目标决策矩阵

基于 5 种预告方案的 6 种指标，建立多目标决策矩阵，$X==(X)_{mn}(m=5, n=6)$（表 6-6）。

5 种方案、6 种指标的多目标决策矩阵　　　　表 6-6

| 5 种方案 | 6 种显著性指标 | | | | | |
|---|---|---|---|---|---|---|
| | 换车道次数 | 油门 power | 速度（km/h） | 行驶时间（s） | 加速度（m/s²） | 难易程度打分 |
| 1 次 | 2.83 | 9.35 | 66.19 | 28.96 | 0.29 | 7.04 |
| 2 次 | 3.42 | 8.55 | 60.00 | 30.31 | 0.40 | 7.96 |
| 3 次 | 2.67 | 8.59 | 59.26 | 30.84 | 0.37 | 9.07 |
| 4 次 | 2.50 | 8.43 | 60.32 | 30.32 | 0.39 | 9.07 |
| 4 次（日本） | 2.75 | 7.98 | 62.14 | 29.28 | 0.41 | 8.78 |

(2) 获得指标权重

针对标准化矩阵 $X_{ij}^*$，采用熵权赋值法，获取 6 种指标权重及排序结果。

$$W_i = (0.169 \quad 0.165 \quad 0.164 \quad 0.164 \quad 0.170 \quad 0.169)$$

6 种指标的权重由大到小排序为：加速度＞换车道次数＞目的地难易程度打分＞油门 power＞行驶时间＞速度。可以看出换车道次数、目的地难易程度打分及油门 power 对预告方案效用评估有较大影响。

(3) 计算欧氏距离

利用权重 $W_i$ 与标准化矩阵 $X_{ij}^*$，构造规范化加权矩阵 $U_{ij}$。基于加权矩阵，获取正理想解：$U_j^+ = \max\{U_{ij}\}$；负理想解：$U_j^- = \min\{U_{ij}\}, j = 1, 2, \cdots\cdots, m$。

$$U^+ = (0.08 \; 0.08 \; 0.08 \; 0.08 \; 0.08 \; 0.08)$$

$$U^- = (0.06 \; 0.07 \; 0.07 \; 0.07 \; 0.06 \; 0.06)$$

最终，计算单元与正负理想解的距离：正理想解：$D_i^+ = \sqrt{\sum_{j=1}^{n}(u_{ij}-U_j^+)^2}$；负理想解：$D_i^- = \sqrt{\sum_{j=1}^{n}(u_{ij}-U_j^-)^2}$。获得评价方案与最优解及最劣解的欧氏距离。

$$D_i^+ = (0.034 \; 0.026 \; 0.013 \; 0.008 \; 0.011)$$

$$D_i^- = (0.014 \; 0.024 \; 0.031 \; 0.036 \; 0.034)$$

(4) 确定综合评分

基于 $D_i^+$、$D_i^-$，计算各评价方案与最优解的相对接近度：$C_i^* = \dfrac{D_i^-}{D_i^+ + D_i^-}$，$0 \leqslant C_i^* \leqslant 1$，$C_i^*$ 越接近于 1，表明方案综合评定越优，反之则越差。

$$C_i^* = (0.297\ 0.482\ 0.702\ 0.810\ 0.762)$$

综合得分由高到低依次为 4 次、4 次（日本）、3 次、2 次及 1 次，如图 6-12 所示。按照日本规范设置 4 次预告时，效果不及我国 4 次预告。

为核实评估结果，研究统计分析正确驶出比例指标。重复测量方差分析结果显示，5 种预告方案对正确驶出比例未存在显著性影响（$P>0.05$）。但与综合评估结果相似，随着预告次数增加正确驶出比例增加，设置 1 次预告时正确驶出比例明显较低；设置 2 次、3 次、4 次及日本 4 次预告时正确驶出比例相同，均有 1 名驾驶人走错出口，见图 6-13。相比小间距出口，大间距路段出口条件下驾驶人正确驶出比例明显提高，出错率更低。

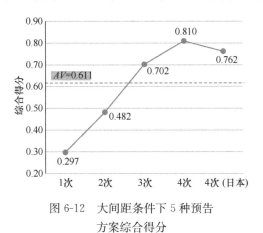
图 6-12　大间距条件下 5 种预告方案综合得分

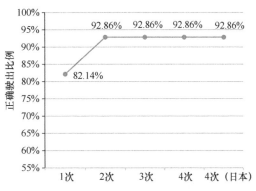
图 6-13　大间距条件下 5 种预告方案正确驶出比例

2）聚类分析

研究同样采用 K-means 聚类针对 5 种方案综合评估结果进行分类，以获取 5 种方案设置效用的分类，明确大间距路段出口最少建议设置预告次数，结果如表 6-7 所示。

大间距条件下 K-means 聚类结果　　　　　表 6-7

| 间距 | 聚类分组 | |
| --- | --- | --- |
| | 第 1 组 | 第 2 组 |
| 大间距 | 4 次、4 次（日本）、3 次 | 2 次、1 次 |

可以看出，聚类分为两组，第 1 组为预告 4 次、4 次（日本）、3 次，第 2 组为预告 2 次、1 次。结果显示，进行 1、2 次预告时指路效果较差。因此，考虑预告标志对驾驶人的综合影响，建议大间距路段出口在工程应用中，应按照我国规范在减速车道起点前 2km、1km、0.5km 及起点处设置 4 次预告标志；条件受限时，应按照我国规范设置至少 3 次预告。

综上所述，研究开展城市快速路小间距路段出口预告标志的优化设置，获得具体结论如下：

（1）良好的预告标志方案，将有效改善驾驶人在路段出口前 500m 范围内的驾驶行为，减少频繁换车道行为、降低油门功效、提升速度、减缓降速且提升正确驶出比例。

（2）相比大间距路段出口，小间距路段出口影响下驾驶人将有更多的换车道行为，油门功效较大且减速加剧；同时，驾驶人正确驶出比例降低。

（3）小间距路段出口减速车道起点前 1km、0.5km 及起点处设置 3 次预告标志时，综合设置效果最好；其次为按照我国规范设置 4 次预告及按照日本规范设置 4 次预告。

（4）小间距路段出口条件下，按照我国规范设置 1 次预告标志，设置效果较差；道路条件受限时，建议应至少进行 2 次预告。

（5）大间距路段出口减速车道起点前 2km、1km、0.5km 及起点处设置 4 次预告标志时，综合设置效果最好；其次为按照日本规范设置 4 次预告及按照我国规范设置 3 次预告。

（6）大间距路段出口条件下，按照我国规范设置 1 次、2 次预告标志，设置效果较差；道路条件受限时，建议应至少进行 3 次预告。

所获研究成果，能够有效解决城市快速路普遍存在的路段出口预告标志缺失等问题。同时，针对城市快速路指路标志效用评估及优化设置形成一般性研究方法，利用该方法可解决快速路其他间距路段出口预告标志及其他指路标志的优化设置问题，为相关交通安全设施的完善设置提供研究思路。后期为验证预告标志优化设置效果，将开展实地测试以标定预告标志优化设置效果。此外，为更加深入解决小间距出口预告标志设置空间干扰问题，将考虑运用同一预告标志版面放置多出口信息的优化设计理念，对比此研究成果，以获取更优预告方案。

**本章参考文献**

[1] LU J J, LU L, LIU P, et al. Safety and operational performance evaluation of four types of exit ramps on Florida's freeways[R]. University of South Florida. Transportation Group 2010.

[2] DING H, ZHAO X, RONG J, et al. Experimental research on the effectiveness of speed reduction markings based on driving simulation: A case study [J]. Accident Analysis & Prevention, 2013, 60: 211-218.

[3] DING H, ZHAO X, RONG J, et al. Experimental research on the effectiveness and adaptability of speed reduction markings in downhill sections on urban roads: a driving simulation study[J]. Accident Analysis & Prevention, 2015, 75: 119-127.

[4] 樊兆董, 陈东, 赵晓华. 基于功效系数法的交叉口黄色闪烁警示灯有效性评估[J]. 交通信息与安全, 2017, 35(5): 91-98.

[5] 徐凤, 何玉宏, 余霞. 基于熵权与模糊综合评价模型的城市交通运行效率测度——以南京市为例[J]. 数学的实践与认识, 2018, 48(23): 17-23.

[6] 李今花, 王虎, 雷建军. 可信网络中基于熵权法的信任评估模型[J]. 华中师范大学学报(自然科学版), 2019, 53(1): 26-29.

[7] 秦忠诚, 陈光波, 李谭, 等. "AHP+熵权法"的 CW-TOPSIS 煤矿内因火灾评价模型[J]. 西安科技大学学报, 2018, 38(2): 193-201.

[8] 李越洋. 基于熵权-TOPSIS 的 PPP 项目融资风险评价[J]. 价值工程, 2019, 38(5): 69-72.

[9] 刘维跃, 曹溥晶, 孔震. 基于熵权的 TOPSIS 法的京津沪城市绿色交通发展对比研究[J]. 经济研究导刊, 2018(34): 42-48, 60.

[10] 黄辉林, 孙利亚, 庄亮亮. 基于 K-means 聚类分析算法的浙江省各地级市经济实力现状比较研究及可视化[J]. 温州大学学报(自然科学版), 2018, 39(4): 15-20.

[11] 龚艳冰, 杨舒馨, 戴靓靓, 刘高峰. 基于数据场 K-means 聚类的洪涝灾害突发事件分级方法[J]. 统计与决策, 2018, 34(20): 47-49.

# 第7章 城市快速路桥形标志效用评估及优化

城市快速路作为城市道路的骨干，可以满足大容量、长距离、高速度的运输需求。目前，城市快速路桥形标志在我国应用广泛，但仍然存在设计理念混淆、设计形式不一、图形样式复杂等问题，缺乏针对性的效用评价和优化设计方法方面的技术支撑。本章重点考虑图形复杂度的桥形标志认知机理及优化方法，首先解决桥形标志效用和视认复杂度评价分类问题，其次依托驾驶模拟实验，结合统计分析、大数据分析技术，揭示不同复杂度桥形标志对驾驶人脑电、视认、行为特性的影响规律，挖掘驾驶人显性、隐性特征间的关联机制；最后，通过模拟驾驶技术实现针对复杂桥形标志的4种优化方案的效果测试。

## 7.1 城市快速路桥形标志复杂度分类

### 7.1.1 城市快速路桥形标志现状

城市快速路立交桥作为道路重要构件，在缓解交通冲突、提高通行能力、降低交通事故发生率、提高行车舒适性等方面发挥了重大的作用。然而，随着机动车保有量、出行量的不断增长，作为节点枢纽的立交桥承受的交通压力成倍增加，拥堵情况日益严重。设置桥形标志已成为解决城市道路立交桥寻路指路问题的主要方法。而快速路指路标志作为快速路交通工程设计与建设的重要组成部分，科学完善的指路系统、简单高效的指路标志不仅能为驾驶人出行提供优质的定位和导向服务，还能够提高道路通行能力和增强交通安全水平。同时，它还代表了城市交通现代化管理的能力和水平。目前，北京市五环路内的245座立交桥共配有图形指路标志369面，配置率超过75%，图形样式超过30种。其他省市也在道路交通工程实践中，越来越多地采用桥形标志。特别是在高速公路和城市快速路的新建工程中，图形指路标志已逐渐成为立交桥前的配套设置。可以说，桥形标志在我国的使用规模已远超其他国家。

近年来，各级管理部门加快推动快速路指路标志建设与标准制定工作。2015年4月，由住房和城乡建设部颁布《城市道路交通标志和标线设置规范》GB 51038—2015规定城市快速路必须设置快速路指路标志，快速路指路标志设置应具有系统性，快速路进出口之间的指路标志应按一定顺序布设，传达信息应连贯、一致，并将快速路指路标志按入口指引系列和出口指引系列分为两类。国标的颁布提出了我国快速路指路标志系统雏形，对指导和规范城市快速路指路标志具有重要的意义。

然而目前我国道路交通设施国家标准中对桥形标志的规定较为笼统，《道路交通标志和标线》GB 5768—2009仅在一般道路指路标志部分规定互通立体交叉标志的内容："设在互通式立体交叉以前的适当位置。复杂立体交叉或连续立体交叉，可将标志信息分解，逐步指引"，版面设计以城市道路标志规格示例，如图7-1所示。《城市道路交通标志和标线设置规范》GB 51038—2015仅以文字内容规定"对于互通式立体交叉、曲线匝道等情况较为复杂的出口,宜在 500m 或 1km 的快速路出口预告标志位置处设置图形指路标志""设置图形指路标志位置处,相应的快速路出口预告标志宜重复设置。图形指路标志也可采用可变信息标志形式,发布下游车道、路段的实时交通信息"。

图 7-1 国标互通式立体交叉标志示例

国家相关标准规定明显滞后于桥形标志的发展,使得国内部分城市设计与设置理念不同,部分地区工程应用甚至无据可依,造成了不同城市间标志设计与设置版本不同,给交通出行者造成一定的困扰。国内 13 个地区桥形标志设置现状如表 7-1 所示。对比表明,国内各地区标志图形设计理念尚未统一、图形表达方法差异较大。除少数大城市从自身特点出发,在地方标准中规定城市快速路指路标志相关内容,大部分中小城市标志设置缺少规范,仅是模仿国内外其他城市的设置方式。面对当前日益剧增的交通出行、工程实践需求,国内针对桥形标志的相关规范亟待完善。

国内不同地区桥形标志的使用规范及设置现状　　　　表 7-1

| 地区 | 名称/位置 | 设置图例 | 地区 | 名称/位置 | 设置图例 |
|---|---|---|---|---|---|
| 1. 北京 | 名称:互通式立交指路标志<br>位置:立交桥出口前500m | | 4. 南京 | — | |
| 2. 上海 | 位置:立交出口前 200m 处 | | 5. 长沙 | — | |
| 3. 广州 | 名称:象形标志<br>位置:立交桥出口前500m处 | | 6. 浙江 | 名称:附加图形符号说明的立交指路标志<br>位置:立交桥出口前500m | |

续表

| 地区 | 名称/位置 | 设置图例 | 地区 | 名称/位置 | 设置图例 |
|---|---|---|---|---|---|
| 7. 重庆 | 名称：预告标志牌<br>位置：距立交桥300~500m | 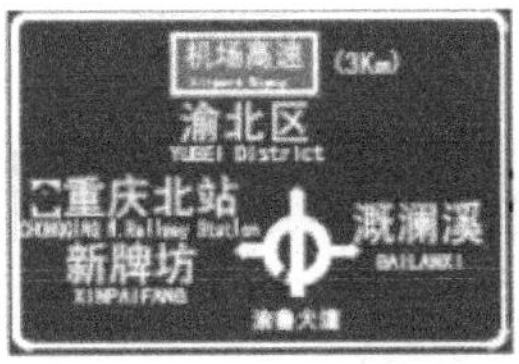 | 10. 深圳 | — | 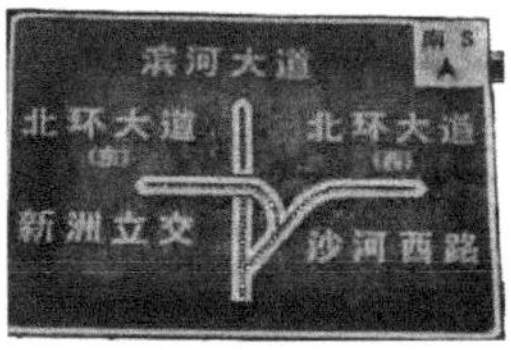 |
| 8. 四川 | 名称：桥形预告标志<br>位置：立交桥前适当位置 |  | 11. 天津 | 名称：桥梁指路标志<br>位置：距立交桥100~500m |  |
| | |  | 12. 西安 | | 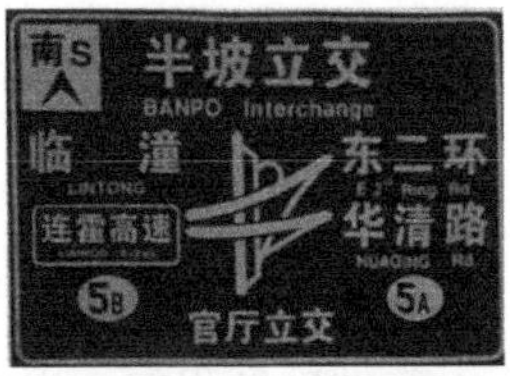 |
| 9. 山东 | — |  | 13. 台湾 | | 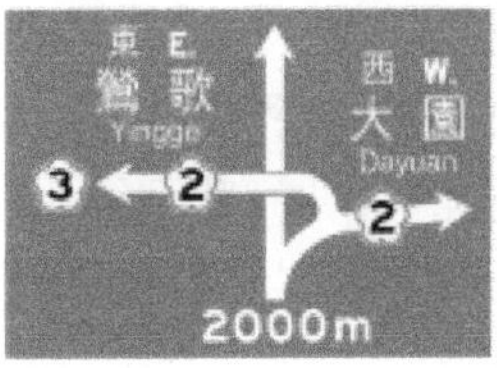 |

### 7.1.2 桥形标志复杂度静态视认实验

示意图形是桥形标志的核心部分，其视认复杂程度与标志效用息息相关。本章重点聚焦立交桥示意图形的静态视认复杂度研究上，根据立交桥设计理论和北京市桥形标志实际应用情况，确定37种立交桥示意图形为研究对象，获取示意图形在整体、局部及细节三个层面的视认时间及错误行为数据，旨在构建以静态实验为核心的示意图形视认复杂程度实验评价方法，实现示意图形视认复杂性的分析、验证、量化评分和分类。

1) 立交桥示意图形设计与选取

立交桥示意图形是对立交桥几何构造形象的描述，主要表达内容包括转向匝道的形式、出口的位置、路线跨越方式等。通过对北京市环路所有桥形标志的观察，从设计分类的角度出发，将立交桥图形初步划分为基本型图形、特殊型图形和扩展型图形，并对可能存在的图形做出了设计，见图7-2。

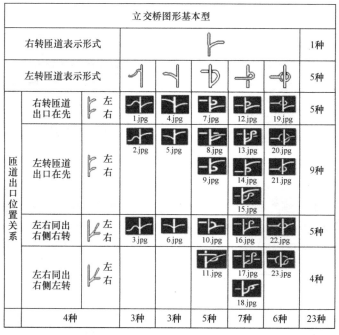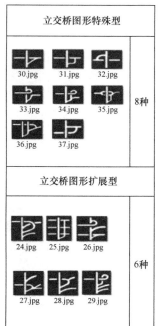

图 7-2 桥形示意图形分类及编号

基本型图形以标准单体立交为对象，考虑左右转匝道形式和匝道出口位置关系两个因素。经过排列组合，共有 23 种图形，其中大部分图形在北京市道路上较为常见。特殊型图形以非标准单体立交为对象，考虑立交桥的转向功能需经过辅路或其他道路才能实现的情况。因转向形式排列组合较多，研究从北京市已有桥形标志种选取 8 种，作为实验对象。扩展型图形以复杂立交为对象，考虑立交存在紧邻道路、连体立交和复合多路立交的情况。扩展型图形是在基本型和特殊型基础上，根据立交具体情况增加描述紧邻道路的笔画或进行图形组合。因组合样式较多，研究从北京市已有桥形标志种选取 6 种，作为实验对象。

2）实验器材

实验采用静态视认实验平台，包含硬件设备及桥形标志测试软件两个部分，其桌面模拟环境核心设备为笔记本电脑和自编桥形标志测试软件。

实验由一台 ThinkPad S3 笔记本计算机控制，自动记录实验对象选择数据。被试人员与屏幕中心距离固定在 200cm，基于相似三角形换算，实际视认距离为 50m。被试者在测试过程中还将佩戴德国 SMI ETG 2w 型眼动仪，数据记录将作为深入研究的资料储备。

桥形标志测试软件由 Visual Basic 程序编写，在相同的照片背景上，根据 37 种示意图形样式自动绘制指路标志，实现不同标志的设置场景的模拟。被试人员坐在显示器正前方，按照程序提示完成所有视认任务期间，程序记录被试人员按键反应时间，精度为毫秒级，实验程序界面及桥形标志图片如图 7-3 所示。

3）被试人员

招募 30 名驾驶人，其中男性 24 人，女性 6 人，被试人员的年龄分布在 19～54 岁之

# 第7章 城市快速路桥形标志效用评估及优化

(a) 整体视认显示图片　　　　　　(b) 细节视认显示图片

图 7-3　实验程序界面及桥形标志图片

间，平均年龄 33.5 岁（19～54 年，$SD=11.62$），驾龄 1～30 年（$AV=10.96$，$SD=9.49$）。被试人员的性别比例和年龄分布几乎与我国目前实际分布比例总体相同。另外实验要求被试人员在实验前 24h 之内不允许喝酒或者咖啡等刺激性的饮品。实验时间为上午 8：00 开始至晚上 22：00 结束。每个人的实验时间为 80min 左右。

4) 实验流程

每名被试人员在实验当天完成全部测试，包括问卷调查、预实验、练习、正式实验和填写反馈调查问卷五个步骤，具体实验流程如下：

（1）问卷调查。实验开始前，填写调查表格，了解被试人员的实验状态和对立交桥及其指路标志的认识程度。

（2）预实验和练习。被试人员在工作人员引导下完成预实验和练习。通过预实验测试被试对问题本身以及测试形式的理解程度。被试可进行多次练习（一般 2 次）来熟悉图形的任务顺序和键盘操作，避免因此对实验结果造成的影响，待确认状态稳定后，进行正式实验。

（3）正式实验。在实验导语后，被试人员按键启动正式实验，37 种桥形标志图片在液晶显示屏上随机播放，以避免显示次序对结果的影响，被试依次完成 37 种图形的整体、局部和细节测试。

（4）填写反馈调查问卷。被试人员完成全部图形测试后，离开静态认知实验环境，填写反馈问卷，包括主观感受、立交图形理解、测试平台建议等。

## 7.1.3　桥形标志视认特征

1) 评价指标

视认的反应时间与视认成功率是交通标志认知研究中最常采用的测量和分析指标。为全面了解图形视认特性，实验过程重要记录了整体、局部和细节三个层面的视认时间、视认错误率和视认风险，以及主观感受的数据，根据这些数据可定义如下指标：

A. 整体视认特性指标：

（1）整体视认时间：是指驾驶人观察和理解图形所需的时间。

（2）主观打分：是指驾驶人在实验中对图形难易程度打分结果，反映驾驶人对图形复杂度的主观评价，采用 1～6 的数字表示，分数越高表示视认越困难。

该类指标反映了从宏观上反映了图形整体的易辨识性与易理解性。数值越大，代表图形越难以辨别理解，图形视认越复杂。

B. 局部视认特性指标

（1）左侧目的地视认时间：是指驾驶人理解通往左侧目的地图形局部所需的时间。

（2）左侧目的地操作错误率：是指在判断通往左侧目的地操作时，选择结果错误的驾驶人占被试总数的百分比。

（3）前方目的地视认时间：是指驾驶人理解通往前方目的地图形局部所需的时间。

（4）前方目的地操作错误率：是指在判断通往前方目的地操作时，选择结果错误的驾驶人占被试总数的百分比。

（5）右侧目的地视认时间：是指驾驶人理解通往右侧目的地图形局部所需的时间。

（6）右侧目的地操作错误率：是指在判断通往右侧目的地操作时，选择结果错误的驾驶人占被试总数的百分比。

该类指标反映了图形在各方向上的易辨识性和理解的偏差程度。数值越大，代表图形越难以辨别理解，图形视认越复杂。

C. 细节视认特性指标

（1）左侧目的地路径选择错误率：是指左侧目的地路径序列错误记录对应驾驶人人数占被试总数的百分比。

（2）前方目的地路径选择错误率：是指前方目的地路径序列错误记录对应驾驶人人数占被试总数的百分比。

（3）右侧目的地路径选择错误率：是指在右侧目的地路径序列存在错误的驾驶人占被试总数的百分比。

（4）风险点比率：是指错误路径序列描述的路线与正确行驶路线存在分歧的交叉点占该图形全部交叉点的比例，所谓分歧点就是图形标志视认过程中引起驾驶人理解错误的图形交叉点。风险点比率代表图形辨识的难点，其数值越大，图形复杂度越高。

该类指标反映了图形在关键节点上的易辨识性和理解的偏差程度。数值越大，代表图形越难以辨别理解，图形视认越复杂。

2）视认评价结果

（1）整体视认特性指标分析

对37种图形分别计算30名被试人员整体视认时间及主观打分的平均值，描述统计结果见表7-2。单因素方差检验检验结果F分布的观测值分别为2.283和10.034，对应概率值小于显著性水平0.001（表7-3），表明不同图形间的整体视认时间和主观打分具有显著性差异。Pearson相关性检验结果显示，整体视认时间与主观打分的相关系数为0.828，在0.01水平上显著相关，如表7-4所示。

整体视认特性指标描述统计结果　　　　　表7-2

|  | 范围 | 最小值 $M$ | 最大值 $X$ | 平均值 $E$ | 标准偏差 | 偏度 | 峰度 |
| --- | --- | --- | --- | --- | --- | --- | --- |
| 整体视认时间 | 1772.00 ms | 1883.00 ms | 3655.00 ms | 2670.61 ms | 504.07 | 0.298 | −1.024 |
| 主观打分 | 2.00 | 1.17 | 3.17 | 2.06 | 0.56 | 0.105 | −0.751 |

整体视认特性指标单因素方差检验结果　　　　　　　　　　表 7-3

|  |  | 平方和 | df | 均方 | F | 显著性 P |
|---|---|---|---|---|---|---|
| 整体视认时间 | 组之间 | 274394811.964 | 36 | 7622078.110 | 2.283 | 0.000 |
|  | 组内 | 3582643451.600 | 1073 | 3338903.496 |  |  |
|  | 总计 | 3857038263.564 | 1109 |  |  |  |
| 主观打分 | 组之间 | 343.827 | 36 | 9.551 | 10.034 | 0.000 |
|  | 组内 | 1021.367 | 1073 | 0.952 |  |  |
|  | 总计 | 1365.194 | 1109 |  |  |  |

整体视认特性指标 Pearson 相关性检验结果　　　　　　　　　表 7-4

|  |  | 整体视认时间 | 主观打分 |
|---|---|---|---|
| 整体视认时间 | 相关系数 | 1 | 0.828** |
|  | 显著性 |  | 0.000 |
| 主观打分 | 相关系数 | 0.828** | 1 |
|  | 显著性 | 0.000 |  |

注：** 为方差分析结果呈现显著性差异，即 $P<0.05$。

（2）局部视认特性指标分析

对应 37 种图形，分别计算各目的地方向上 30 名被试人员的视认时间平均值，并根据操作错误记录对应的驾驶人人数计算各方向操作选择错误率，描述统计结果见表 7-5。对 37 种图形局部各方向目的地视认时间数值进行单因素方差检验，结果见表 7-6。检验结果 F 分布的观测值分别为 3.151、4.448 和 2.752，对应概率值小于显著性水平 0.001，表明不同图形之间，在各方向目的地的视认时间也具有显著差异。其中，右侧目的地操作错误率偏度较大，由于样本选取是右转匝道形式较少，表示右转定向型匝道的图形样本较多有关，增加其他右转形式图形样本数量，可使偏度降低。

局部视认特性指标描述统计结果　　　　　　　　　　　　　表 7-5

|  | 范围 | 最小值 M | 最大值 X | 平均值 E | 标准偏差 | 偏度 | 峰度 |
|---|---|---|---|---|---|---|---|
| 左侧目的地视认时间平均值 | 1726ms | 2092ms | 3818ms | 2839.92ms | 450.69 | 0.469 | −0.745 |
| 前方目的地视认时间平均值 | 2047ms | 1825ms | 3872ms | 2410.85ms | 415.29 | 1.552 | 3.385 |
| 右侧目的地视认时间平均值 | 1530ms | 1833ms | 3363ms | 2501.57ms | 331.94 | 0.360 | 0.177 |
| 左侧目的地操作错误率 | 0.2000 | 0.0300 | 0.2300 | 0.0932 | 0.0392 | 1.494 | 4.251 |
| 前方目的地操作错误率 | 0.1700 | 0.0000 | 0.1700 | 0.0335 | 0.0380 | 1.758 | 3.996 |
| 右侧目的地操作错误率 | 0.5000 | 0.0000 | 0.5000 | 0.0276 | 0.0817 | 5.660 | 33.443 |

**局部视认特性指标单因素方差检验结果** 表7-6

| | | 平方和 | df | 均方 | F | 显著性 |
|---|---|---|---|---|---|---|
| 左侧目的地视认时间 | 组之间 | 242051997.558 | 36 | 6723666.599 | 3.218 | 0.000 |
| | 组内 | 2481316393.639 | 1163 | 2133548.060 | | |
| | 总计 | 2723368391.197 | 1199 | | | |
| 前方目的地视认时间 | 组之间 | 240270079.591 | 36 | 6674168.878 | 4.082 | 0.000 |
| | 组内 | 1610015216.500 | 1073 | 1500480.164 | | |
| | 总计 | 1850285296.091 | 1109 | | | |
| 右侧目的地视认时间 | 组之间 | 141869152.8 | 36 | 3940810 | 2.168 | 0.000 |
| | 组内 | 1879887244 | 1313 | 1431750 | | |
| | 总计 | 2021756397 | 1349 | | | |

Pearson 相关性检验结果显示,三个方向的视认时间在 0.01 水平上显著相关,错误率与视认时间上存在部分显著相关。同方向视认时间变量与错误率变量没有必然的相关关系。左侧目的地操作错误率变量与同侧视认时间变量之间无显著相关性。相反,右侧目的地操作错误率变量仅与同侧目的地视认时间变量之间表现出显著相关性,见表7-7。

**局部视认特性指标 Pearson 相关性检验结果** 表7-7

| | | 左侧目的地视认时间平均值 | 前方目的地视认时间平均值 | 右侧目的地视认时间平均值 | 左侧目的地操作错误率 | 前方目的地操作错误率 | 右侧目的地操作错误率 |
|---|---|---|---|---|---|---|---|
| 左侧目的地视认时间平均值 | 相关系数 | 1 | 0.539** | 0.582** | 0.184 | 0.251 | 0.265 |
| | 显著性 | | 0.001 | 0.000 | 0.275 | 0.135 | 0.113 |
| 前方目的地视认时间平均值 | 相关系数 | 0.539** | 1 | 0.525** | 0.423** | 0.596** | 0.077 |
| | 显著性 | 0.001 | | 0.001 | 0.009 | 0.000 | 0.649 |
| 右侧目的地视认时间平均值 | 相关系数 | 0.582** | 0.525** | 1 | 0.510** | 0.347* | 0.329* |
| | 显著性 | 0.000 | 0.001 | | 0.001 | 0.035 | 0.047 |
| 左侧目的地操作错误率 | 相关系数 | 0.184 | 0.423** | 0.510** | 1 | 0.362* | 0.209 |
| | 显著性 | 0.275 | 0.009 | 0.001 | | 0.028 | 0.214 |
| 前方目的地操作错误率 | 相关系数 | 0.251 | 0.596** | 0.347* | 0.362* | 1 | 0.084 |
| | 显著性 | 0.135 | 0.000 | 0.035 | 0.028 | | 0.620 |
| 右侧目的地操作错误率 | 相关系数 | 0.265 | 0.077 | 0.329* | 0.209 | 0.084 | 1 |
| | 显著性 | 0.113 | 0.649 | 0.047 | 0.214 | 0.620 | |

注:** 为方差分析结果呈现显著性差异,即 $P<0.05$;* 为方差分析结果呈现边缘性显著差异,即 $0.05<P<0.1$。

（3）细节视认特性指标分析

细节视认特性指标包括各方向路径选择错误率与风险点比率，描述统计结果见表7-8。与右侧目的地操作错误率相同，部分变量因样本数量少存在偏度较高现象，增加样本后，可使偏度降低。Pearson相关性检验结果显示，各方向目的路径选择错误率变量无显著相关性，风险点比率与左侧目的地路径选择错误率，变量之间存在显著相关性，与其他方向无显著相关性，见表7-9。

细节特性指标描述统计结果　　　　　　　　　　　　表7-8

|  | 范围 | 最小值 | 最大值 | 平均值 | 标准偏差 | 偏度 | 峰度 |
|---|---|---|---|---|---|---|---|
| 左侧目的地路径选择错误率 | 0.4300 | 0.0000 | 0.4300 | 0.1051 | 0.116 | 1.551 | 1.805 |
| 前方目的地路径选择错误率 | 0.1000 | 0.0000 | 0.1000 | 0.0151 | 0.027 | 1.764 | 2.160 |
| 右侧目的地路径选择错误率 | 0.3000 | 0.0000 | 0.3000 | 0.0335 | 0.059 | 3.044 | 11.165 |
| 风险点比率 | 0.6667 | 0.0000 | 0.6667 | 0.2674 | 0.199 | 0.219 | −0.671 |

细节视认特性指标Pearson相关性检验结果　　　　　表7-9

|  |  | 左侧目的地路径选择错误率 | 前方目的地路径选择错误率 | 右侧目的地路径选择错误率 | 风险点比率 |
|---|---|---|---|---|---|
| 左侧目的地路径选择错误率 | 相关系数 | 1 | 0.179 | 0.089 | 0.595** |
|  | 显著性 |  | 0.289 | 0.598 | 0.000 |
| 前方目的地路径选择错误率 | 相关系数 | 0.179 | 1 | 0.056 | 0.160 |
|  | 显著性 | 0.289 |  | 0.743 | 0.345 |
| 右侧目的地路径选择错误率 | 相关系数 | 0.089 | 0.056 | 1 | 0.096 |
|  | 显著性 | 0.598 | 0.743 |  | 0.572 |
| 风险点比率 | 相关系数 | 37 | 37 | 37 | 37 |
|  | 显著性 | 0.595** | 0.160 | 0.096 | 1 |

注：**为方差分析结果呈现显著性差异，即$P<0.05$。

## 7.1.4　桥形标志综合评价与复杂度分类

37种图形在整体视认和局部视认上都存在显著性差异，绝大部分变量之间都存在显著相关性，也有少量变量之间无显著相关性。已有变量间存在相互作用和连锁反应，单一变量又难以代表复杂度结果。为了全面评价示意图形静态视认复杂度并找出对复杂度起决定影响的关键因素，需要对指标进行转化和综合。

计算出37种图形综合评分及排序结果如表7-10所示，描述统计结果如表7-11所示。总体来看，笔画少、出口少的图形排名相对更靠前，复杂度相差最大的为25号图形

(1.670分，最高)与4号图形（-0.919分，最低），相差2.59分；复杂度相差最小的为8号图形和28号图形，相差0.001。

图形综合评分及排序结果　　　　　　　　　　　　　　　　　　　　表7-10

| 综合排名 | 图形编号 | 综合评分 | 图形 | 综合排名 | 图形编号 | 综合评分 | 图形 |
| --- | --- | --- | --- | --- | --- | --- | --- |
| 1 | 4▲★ | -0.919 |  | 20 | 22★ | 0.039 |  |
| 2 | 5 | -0.914 |  | 21 | 8* | 0.049 |  |
| 3 | 3 | -0.846 |  | 22 | 28* | 0.056 |  |
| 4 | 6 | -0.794 |  | 23 | 9 | 0.057 |  |
| 5 | 1 | -0.587 |  | 24 | 30◆★ | 0.132 |  |
| 6 | 2 | -0.524 |  | 25 | 24 | 0.137 |  |
| 7 | 12★ | -0.52 |  | 26 | 20 | 0.197 |  |
| 8 | 7 | -0.391 |  | 27 | 37◆ | 0.222 |  |
| 9 | 19 | -0.357 |  | 28 | 27 | 0.332 |  |
| 10 | 14 | -0.342 |  | 29 | 23 | 0.360 |  |
| 11 | 10★ | -0.321 |  | 30 | 36 | 0.396 |  |
| 12 | 31 | -0.179 |  | 31 | 29 | 0.423 |  |
| 13 | 13 | -0.168 |  | 32 | 26 | 0.482 |  |
| 14 | 34 | -0.155 |  | 33 | 35 | 0.528 |  |
| 15 | 11 | -0.143 |  | 34 | 21 | 0.576 |  |
| 16 | 33 | -0.139 |  | 35 | 17 | 0.669 |  |
| 17 | 15 | -0.105 |  | 36 | 32◆ | 1.252 |  |
| 18 | 18 | -0.098 |  | 37 | 25△ | 1.670 |  |
| 19 | 16 | -0.077 |  | | | | |

注：▲表示评分最低的图形；△表示评分最高的图形；*表示评分相差最少的图形；★表示典型立交示意图形；
◆表示笔画简单、评分较高的图形。

综合评分描述统计结果　　　　　　　　　　　　　　　　　　　　表7-11

| | 范围 | 最小值 $M$ | 最大值 $X$ | 平均值 $E$ | 标准偏差 | 偏度 | 峰度 |
| --- | --- | --- | --- | --- | --- | --- | --- |
| 综合评分 | 2.59 | -0.92 | 1.67 | 0.00 | 0.55 | 0.753 | 1.521 |

# 第 7 章 城市快速路桥形标志效用评估及优化

根据图形视认复杂程度差异确定图形分类，可以更有针对性地研究和使用桥形标志，分类结果能够为工程实践及深入研究提供基础支撑。基于因子分析的综合评价得分是在结合图形整体视认特性、局部视认特性、细节视认特性指标后对示意图形静态视认复杂度的综合评价指标。综合得分的差距能够反映不同图形间的视认差异性，分差越高，示意图形视认的复杂程度区别越大。综合分析 37 个图形的综合评分差值与聚类结果，将 37 种图形按照低等复杂度、中等复杂度和高等复杂度分为三类。

基于 12 个基础指标变量，利用 SPSS 22 软件 K 均值聚类分析方法，在不同聚类数的前提下，对 37 种图形进行分类。随着聚类数的增加，图形分类更细，分类结果与综合评分排序越接近。采用图形对比聚类数为 2、3、4、5、6 的分类结果与综合打分间的关系，可以确定图形复杂度分类的分界点。表 7-12 为 37 种示意图形静态视认复杂度的分类结果。

**37 种示意图形静态视认复杂度的分类结果**　　　表 7-12

| | 图号 | 4 | 5 | 3 | 6 | 1 | 2 |
|---|---|---|---|---|---|---|---|
| 低等复杂度 | 图形 | | | | | | |
| | 图号 | 12 | 7 | 19 | 14 | 10 | |
| | 图形 | | | | | | |
| 中等复杂度 | 图号 | 31 | 13 | 34 | 11 | 33 | 15 |
| | 图形 | | | | | | |
| | 图号 | 18 | 16 | 22 | 8 | 28 | 9 |
| | 图形 | | | | | | |
| | 图号 | 30 | 24 | | | | |
| | 图形 | | | | | | |
| 高等复杂度 | 图号 | 20 | 37 | 27 | 23 | 36 | 29 |
| | 图形 | | | | | | |
| | 图号 | 26 | 35 | 21 | 17 | 32 | 25 |
| | 图形 | | | | | | |

## 7.2 桥形标志对驾驶人显性特征的影响机理

### 7.2.1 桥形标志动态实验

为研究 4 种桥形标志对驾驶人外在特征的影响规律，基于驾驶模拟实验平台，开发城市快速路模拟场景，设计设置系列指路标志招募被试进行驾驶实验，结合眼动仪，实时获取驾驶人动态注视及行为数据，以实现桥形标志对驾驶人外在特征的影响规律挖掘及特征描述。

1）实验对象

共招募 28 名被试，被试中男性驾驶人 21 名，女性驾驶人 7 名。年龄分布在 20～55 岁（$M=33.18$，$SD=8.78$），驾龄在 2.5 年以上（$M=8.72$，$SD=5.84$）。为保证模拟实验顺利进行，驾驶人身体状况均良好，对模拟器无眩晕等不舒适感，无色弱、色盲，视力水平在 0.5 以上，因被试需要佩戴眼动仪，故不能再佩戴眼镜，眼动仪具有近视镜片可对被试视力进行矫正。

2）实验设备

采用北京工业大学 AutoSimAS 驾驶模拟实验平台开展研究，驾驶过程中给驾驶人佩戴 SMI ETG 2w 眼镜式眼动仪。

3）标志设计

选取了典型低等复杂度和中等复杂度桥形标志各 1 个，典型高等复杂度桥形标志 2 个，以研究不同复杂度桥形标志对驾驶人外在特征的影响规律。根据标准规范设计设置城市快速路指路标志系统，标志路名从全国各地（除北京外）选取，以防止因被试人员熟悉路名而出现的随意驾驶现象。以 4 个桥形标志的设计作为示例，如图 7-4 所示。

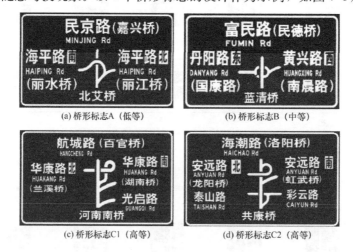

图 7-4　4 个桥形标志的设计

4）实验场景

选取北京市典型快速路作为场景模拟对象，以 4 种桥形标志作为唯一实验控制因素，开展不同复杂度桥形标志影响机理研究。每个实验场景只有一个桥形标志及一个城市快速路立交桥。4 个实验路径如图 7-5 所示，为保证桥形标复杂度为实验的唯一影响因素，四

第 7 章 城市快速路桥形标志效用评估及优化

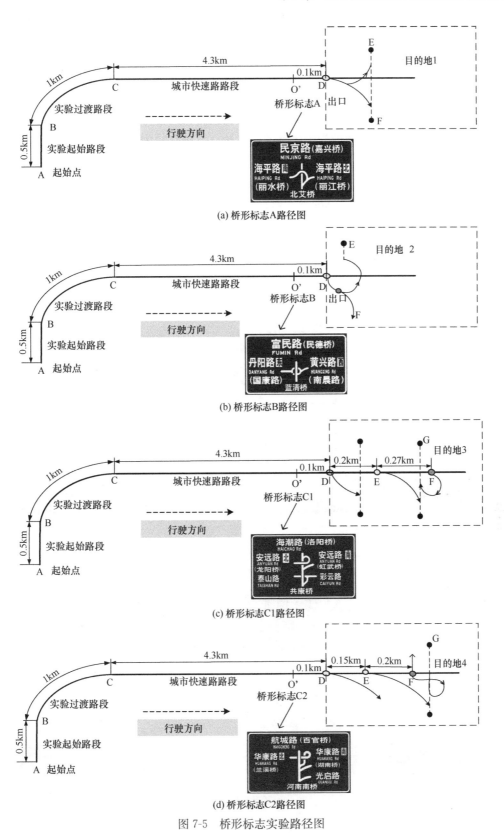

图 7-5 桥形标志实验路径图

个场景中起始点 A 到出口 D 的路径完全相同，均包含一段 0.5 km 的实验起始路段，1km 的实验过渡路段以及 4.3km 的城市快速路路段。四个场景具体路径如下：

如图 7-5(a) 所示，目的地为海平路的丽水桥，行驶路径为 A→B→C→D→E；

如图 7-5(b) 所示，目的地为丹阳路的国康路，行驶路径为 A→B→C→D→E；

如图 7-5(c) 所示，目的地为安远路的龙阳桥，行驶路径为 A→B→C→D→E→G；

如图 7-5(d) 所示，目的地为华康路的兰溪桥，行驶路径为 A→B→C→D→E→F→G。

依照北京市典型城市快速路模型参数，使用 3D Max 软件开发了 4 个模拟实验场景，道路为双向六车道城市快速路，快速路段设置有多级预告标志、桥形标志及出口标志，为减少其他因素影响，驾驶视野范围内未设置其他同向车辆。实验场景中交通标志标线均按照《道路交通标志和标线》GB 5768—2009 及《北京市快速路指路标志指南》进行设计设置。场景长约 6~7km，限速 80km/h，驾驶时间约为 10min，4 个驾驶模拟场景如图 7-6 所示。

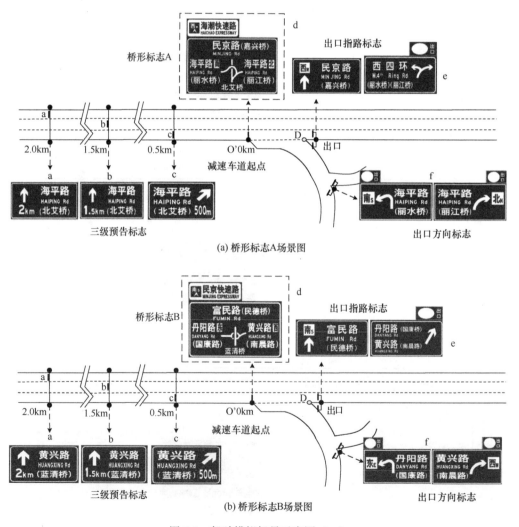

图 7-6 驾驶模拟场景示意图（一）

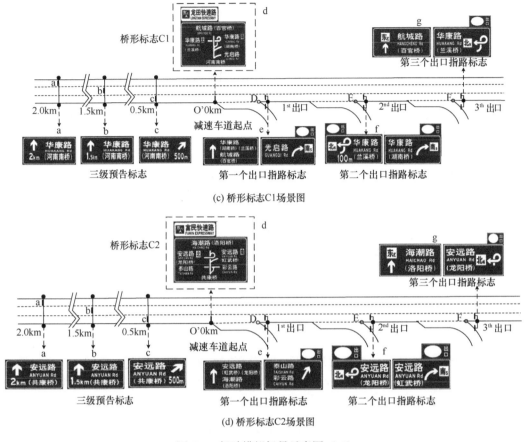

图 7-6 驾驶模拟场景示意图（二）

5）实验流程

实验共 4 个场景，限速 80km/h，为避免被试人员多次实验后对场景的熟悉度问题，被试人员按照随机顺序驾驶 4 条实验场景。每条场景驾驶，间隔 5min，具体实验流程如下：

（1）实验前：被试人员填写基本信息表，包括年龄、驾龄等，随后试驾 5min 以熟悉模拟实验环境及模拟器操作，试驾场景为非正式实验场景。

（2）仪器佩戴：在确认被试人员可熟练操作模拟器后，由实验员为被试人员佩戴眼动仪，并采用三点标定的方法标定注视点，以确保采集的眼动数据的准确性。

（3）正式实验：实验员通知被试人员本次驾驶的目的地，被试人员口头重复无误后，开始实验。被试人员通过注视标志寻找目的地，最终行驶至出口，结束该场景实验。每次实验前重新标定眼动仪，以保证注视点捕捉的准确性。

（4）实验结束：工作人员提问并记录被试人员在本场景中寻找目的地难易程度。随后摘取设备，被试人员休息 5min。重复步骤（3），直至完成 4 个实验场景。

被试人员将 4 个场景全部完成之后，填写主观问卷，以收集他们在实验过程中生理感受等信息。

## 7.2.2 桥形标志对驾驶人视认特征的影响

视觉是获取外界信息的主要来源,通过眼球运动可以了解驾驶人的心理特征。本节着眼于不同复杂度桥形标对驾驶人注视特征的影响规律研究,基于数据预处理获得的被试在桥形标视认过程中的动态视认基础信息,提取标志内注视次数、总注视时间、平均注视时间、首个注视点时间、总注视次数、标志内眼跳次数 6 个视觉属性指标,从而研究驾驶人对复杂桥形标志的视认规律,分别反映搜索效率、注视兴趣以及信息提取难易程度,如图 7-7 所示。

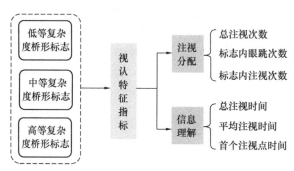

图 7-7 眼动指标选取

针对 6 个视认特性指标进行重复测量方差分析,结果显示不同复杂度的 4 种桥形标志仅显著影响驾驶人标志内眼跳次数、标志内注视次数、平均注视时间及首个注视点时间($P<0.05$),结果如表 7-13 所示。

不同复杂度桥形标的眼动指标分析结果　　　　表 7-13

| 组别 | 桥形标志 A<br>F 值 | 桥形标志 B<br>F 值 | 桥形标志 C1<br>F 值 | 桥形标志 C2<br>F 值 | P |
|---|---|---|---|---|---|
| 总注视次数(次) | 26.400 | 26.933 | 27.533 | 27.933 | 0.761 |
| 标志内眼跳次数(次) | 18.267 | 19.667 | 20.133 | 22.467 | 0.003** |
| 标志内注视次数(次) | 19.733 | 20.800 | 23.067 | 24.133 | 0.002** |
| 总注视时间(s) | 7.250 | 7.468 | 6.585 | 7.015 | 0.408 |
| 平均注视时间(s) | 0.302 | 0.280 | 0.244 | 0.262 | 0.082* |
| 首个注视点时间(s) | 0.517 | 0.315 | 0.304 | 0.277 | 0.032** |

注:**为方差分析结果呈现显著性差异,即 $P<0.05$。*为方差分析结果呈现边缘性显著差异,即 $0.05<P<0.1$。$M$ 为均值,$SD$ 为标准差。

针对 3 种注视分配指标进行分析。整体上,桥形标志复杂度增加驾驶人总注视次数降低($P=0.408$)。结果显示,桥形标志复杂度影响驾驶人信息搜索效率,呈负相关关系。此外,桥形标志复杂度增加,标志内注视次数、眼跳次数显著增多($P<0.05$),当桥形标志十分复杂时有小幅下降。结果显示,桥形标志复杂度增加,驾驶人视认信息量增加,标志过于复杂时视认能力下降。3 个指标在不同复杂度桥形标志条件下的变化如图 7-8 所示。

不同复杂桥形标志影响下,3 种信息提取相关指标变化如图 7-9 所示。信息提取指标

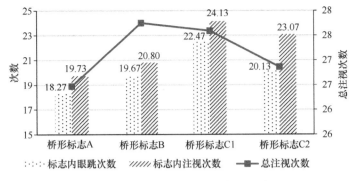

图 7-8 对 3 种注视分配指标的影响

体现标志的理解难易程度。越复杂的桥形标志,驾驶人的平均注视时间及首个注视点时间越少。结果表明,随着复杂度增加,总注视时间降低,表明目标吸引力降低($P>0.05$)。不同复杂度的桥形标志对驾驶人首个注视点时间存在显著性影响($P=0.032$);同时,平均注视时间呈边缘性显著($P=0.082$)。桥形标志复杂度影响驾驶人信息提取难度,复杂度越高,信息提取难度越大,呈正相关关系。结果表明,在认知的决策阶段,当桥形标志越复杂时,目的地越不明确,被试人员对标志的理解越困难,需要多次注视以提取信息,所以首个注视点时间及平均注视时间相对要少。复杂度增加平均注视时间、首个注视点时间降低,信息提取量减少。

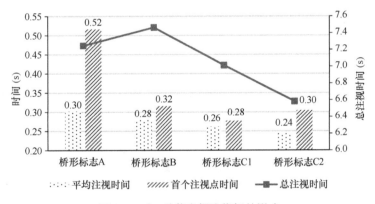

图 7-9 对 3 种信息提取指标的影响

## 7.2.3 桥形标志对驾驶行为特征的影响

着眼于不同复杂度桥形标志对驾驶人行为特征的影响规律,采用驾驶模拟器获取车辆运行状态及驾驶人操控行为数据,如速度、加速度、油门踏板深度等,通过数据截取软件截取 200 m 的范围作为分析对象,共提取 6 个反映行为特征的指标。6 个行为指标分别反映驾驶人的运行稳定状态、心理/舒适状态及操控意识,如图 7-10 所示。

驾驶认知行为是一个信息加工过程,包括驾驶人的感知、判断、决策和行动。对 6 个行为指标进行分析,发现不同复杂度桥形标对速度标准差、平均加速度及油门变化间距存在显著性影响($P<0.05$),结果如表 7-14 所示。

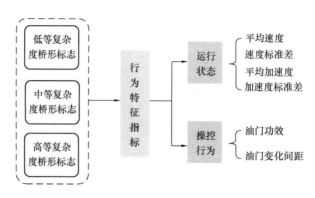

图 7-10　行为指标选取

**不同复杂度桥形标志的行为指标分析结果**　　　　表 7-14

| 组别 | 桥形标 A | 桥形标 B | 桥形标志 C1 | 桥形标志 C2 | Sig. |
|---|---|---|---|---|---|
| 平均速度（km/h） | 66.748 | 67.365 | 66.604 | 68.285 | 0.855 |
| 速度标准差 | 2.643 | 3.516 | 2.645 | 3.772 | 0.02** |
| 平均加速度（m/s$^2$） | −0.186 | −0.240 | −0.174 | −0.255 | 0.042** |
| 加速度标准差 | 0.297 | 0.307 | 0.313 | 0.320 | 0.954 |
| 油门功效 | 3.083 | 2.735 | 2.973 | 2.789 | 0.269 |
| 油门变化间距（m） | 96.906 | 115.311 | 155.392 | 113.590 | 0.028** |

注："油门功效"代表踩油门深度与持续时间的乘积；**为方差分析结果呈现显著性差异，即 $P<0.05$。$M$ 为均值。

速度和速度标准差指标体现的是驾驶人的行为安全性特征。随着桥形标志复杂度的增加，驾驶人速度和速度标准差都有明显上升的趋势，如图 7-11 所示。桥形标志 A 的速度标准差最低，桥形标志 C1 的速度标准差最大，为 3.772 m/s。统计结果表明，不同复杂度的桥形标志对速度标准差呈显著性影响（$P=0.02$），而速度不呈显著性影响。复杂的桥形标志会导致速度波动较大，驾驶人对车速控制的平稳性降低。

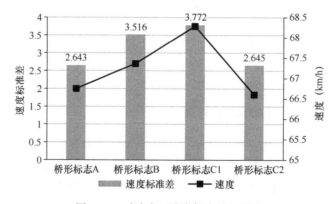

图 7-11　对速度、速度标准差的影响

加速度和加速度标准差指标是对驾驶人心理状态的反映。如图 7-12 所示，所有驾驶人看到标志都会减速，桥形标志 A 的加速度为 −0.186m/s$^2$，桥形标志 C2 的加速度为

$-0.255 \mathrm{m/s^2}$。加速度标准差也随桥形标志复杂度的增加呈上升趋势。统计结果表明,不同复杂度桥形标志对加速度呈显著性影响 $[F(3,66)=2.892;P=0.042<0.05]$。显然,当桥形标志复杂度增加时,驾驶人会更快地减速从而有更长的认读时间去视认标志寻找目的地,这说明驾驶人在视认复杂的桥形标志时会更紧张。

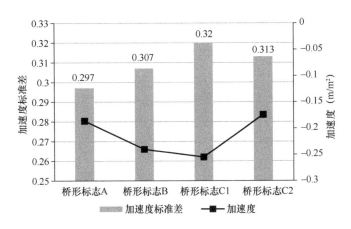

图 7-12 对加速度、加速度标准差的影响

油门功效和油门变化间距指标是对驾驶人对车辆操控意识的反映,在分析范围内,驾驶人都会调整油门踏板来控制车辆以视认标志。随着桥形标志复杂度的增加,油门功效呈现下降趋势,桥形标志 A 的油门功效最大为 3.083;油门变化间距呈下降趋势,桥形标志 A 的油门变化间距最小为 96.906m,如图 7-13 所示。统计结果表明,不同复杂度桥形标志对油门变化间距呈显著性影响($P=0.028$)。驾驶人在面对复杂桥形标志时控制车速的意识增强,且需要更长的视认距离在复杂桥形标志上寻找目的地。

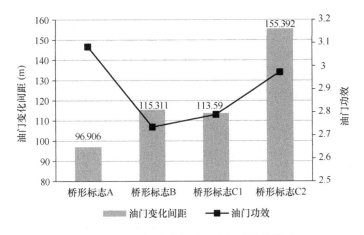

图 7-13 对油门变化间距、油门功效的影响

通过研究不同复杂度桥形标对驾驶人行为的影响,发现速度标准差、平均加速度及油门变化间距均受桥形标志复杂度的影响。当驾驶人在视认复杂桥形标时,会导致驾驶人心理更紧张,对车速控制意识更强,速度波动也相对较大。

## 7.2.4 视认特征与行为特征的关联关系

视认是驾驶人桥形标志认知过程的第一步,而驾驶行为是感知决策之后的结果。不同复杂度桥形标志影响下显性指标行为、视认特性间的关联关系不明确。因此,为研究注视特征和行为特征的关系,选取注视特征的 4 个显著性指标即标志内眼跳次数、标志内注视次数、平均注视时间及首个注视点时间,以及行为特征的 3 个显著性指标速度标准差、平均加速度及油门变化间距作为变量,采用基于多元图理论的灰色关联质量模型以研究眼动和行为之间的关联关系。

灰色关联质量模型主要基于多元图表示理论,首先利用雷达图进行视认及行为多维指标关联关系特征表达,其次采用面积图形特征进行整体关联水平表征,最后求出不同复杂度桥形标志影响下两类显性特征指标关联质量。具体计算原理如图 7-14 所示。

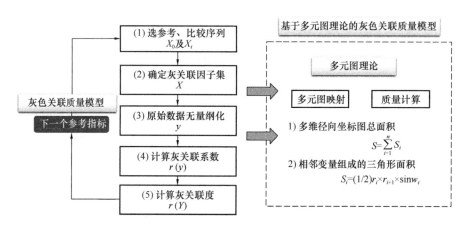

图 7-14 灰色关联质量模型

采用雷达图进行每种桥形标志下视认及行为指标灰色关联关系的多维表达。将每种行为特征指标与 4 种视认指标进行雷达图表示,以每种桥形标志下速度标准差与 4 种视认特性指标间的雷达图表达为例,结果如图 7-15 所示。可以看出,不同桥形标志雷达图面积大小不一,桥形标志 B 条件下面积最大,桥形标志 C2 条件下面积最小。

利用雷达图三角形面积求解方法,求解雷达图总面积以量化两类显性指标间关联水平,求解速度标准差、加速度、油门变化距离与 4 类视认指标的关联质量,如表 7-15 所示。求解 3 类行为指标与视认指标关联质量之和,计算两类显性指标间总关联质量,结果如表 7-16 所示。依照关联系数划分等级,计算相应各等级关联质量,如表 7-17 所示。

视认特性指标与 3 种行为指标的关联质量　　　　　表 7-15

| 关联质量 | 桥形标志 A | 桥形标志 B | 桥形标志 C1 | 桥形标志 C2 |
| --- | --- | --- | --- | --- |
| 速度标准差 | 1.06 | 1.09 | 0.68 | 0.99 |
| 加速度 | 0.89 | 1.05 | 0.74 | 0.73 |
| 油门变化距离 | 1.04 | 1.00 | 0.58 | 1.00 |

# 第 7 章 城市快速路桥形标志效用评估及优化

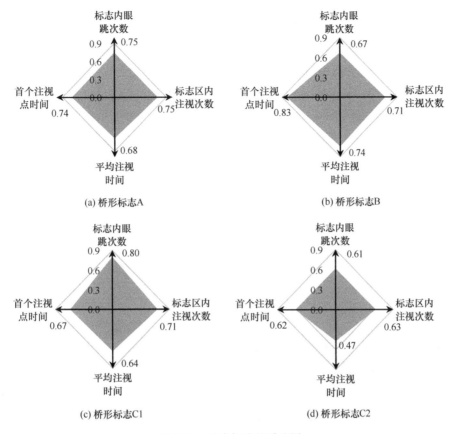

图 7-15 速度标准差雷达图

视认特性指标与行为指标的总关联质量　　　　表 7-16

|  | 桥形标志 A | 桥形标志 B | 桥形标志 C1 | 桥形标志 C2 |
| --- | --- | --- | --- | --- |
| 总关联质量 | 2.99 | 3.14 | 2.01 | 2.73 |

关联质量等级划分　　　　表 7-17

| 关联系数 | 关联质量等级 | 关联质量水平划分 | 总关联质量水平划分 |
| --- | --- | --- | --- |
| $0.85<r\leqslant 1$ | 极强关联质量 | $1.445<r_s\leqslant 2$ | $4.335<r_s\leqslant 6$ |
| $0.65<r\leqslant 0.85$ | 强关联质量 | $0.845<r_s\leqslant 1.445$ | $2.535<r_s\leqslant 4.335$ |
| $0.35<r\leqslant 0.65$ | 中关联质量 | $0.245<r_s\leqslant 0.845$ | $0.735<r_s\leqslant 2.535$ |
| $0<r\leqslant 0.35$ | 弱关联质量 | $0<r_s\leqslant 0.245$ | $0<r_s\leqslant 0.735$ |

则每种桥形标志条件下，速度标准差、加速度、油门变化距离与 4 类视认指标的关联质量如图 7-16 所示。可以看出，关联质量随着桥形标志复杂度增加而降低。整体上，速度标准差与视认指标关联质量最高，其次为油门变化距离，加速度与视认指标关联质量最小。桥形标志 A、B 影响下，两类显性指标间均为强关联质量。桥形标志 C1 影响下，加速度与视认指标关联质量在中等强度，其他两指标在强关联程度。桥形标志 C2 与桥形标志 C1 差别较大，桥形标志 C2 影响下驾驶人行为、视认指标关联质量均在中等强度。结果显示，当桥形标志复杂度超出驾驶人接受范围时，驾驶行为与视认特性间的配合程度

下降。

不同桥形标志条件下行为、视认特性总关联质量如图 7-16 所示。结果显示，桥形标志 A、B、C1 条件下两类显性指标关联质量在强关联水平，尤其是桥形标志 B 条件下关系最高。桥形标志 C2 条件下总关联质量最小，为中等关联水平。

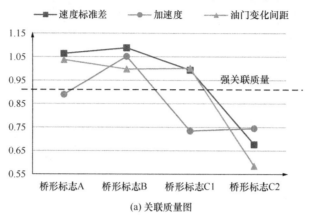

(a) 关联质量图

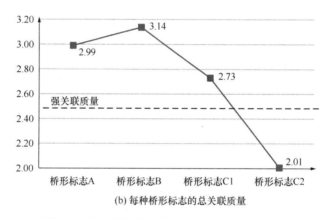

(b) 每种桥形标志的总关联质量

图 7-16　视认特性指标与 3 种行为指标关联关系

## 7.3　桥形标志对驾驶人隐性特征的影响机理

### 7.3.1　ERP 介绍

1）事件相关电位技术

事件相关电位技术（ERP）具有高时间分辨率（毫秒级）、非侵入式、低实验成本和便捷的数据分析等优势，是神经管理学和神经经济学研究中的重要研究手段。可以通过头皮表面记录不同实验条件所诱发的 ERP 成分来研究不同的认知加工过程，ERP 成分的振幅可以反映认知过程的强度，潜伏期反映了认知加工处理的时间进程。因此，结合认知神经科学的脑电信号提取技术，开展脑电认知实验，获取驾驶人的脑电数据，并从中提取事件相关电位的 N100、N200 及 P300 成分，从而量化研究驾驶人认知的决策过程，以期获得不同复杂度桥形标志对驾驶人内在隐性特征的影响规律描述。脑电信号相关研究中主要借助不同实验范式进行事件刺激以获得 ERP 成分。接下来简单介绍已有研究重点采集的 ERP 成分,以及主要采用的实验范式。

2) ERP 成分

脑电波按波形的极性来分,一般向上为负,向下为正,正波命名为 P,负波命名为 N。前人经常将 ERP 成分划分成不同种类,目前被广泛认可的划分依据为按不同刺激部位、潜伏期长短及人脑产生方式进行的划分,具体分类介绍如下。

(1) 按刺激种类

① 听觉诱发电位:N100、MMN 等电位;

② 视觉诱发电位:C1、P100、N100、P200、N170 与顶正电位等;

③ 体感诱发电位:N200、P300、N400、EPN、反应相关成分等。

(2) 按潜伏期长短

① 早成分:出现在刺激呈现后 10ms 以内为早成分,如脑干听觉诱发电位;

② 中成分:出现在刺激呈现后出现在刺激呈现后 10~50ms;

③ 晚成分:出现在刺激呈现后 50~500ms 为晚成分;

④ 慢波:出现在刺激呈现后 500ms 后为慢波。

其中,晚成分和慢波是与心理因素关系最为密切的成分。

(3) 按人脑产生方式

该方法是最初和较为全面的 ERP 分类方法。

① 外源性成分:是人脑对刺激产生的早成分,受刺激物理特性(强度、类型、频率等)的影响,如听觉 P50、N100、视觉 P100、P200 等;

② 内源性成分:与人们的知觉或认知心理活动有关,与人们的注意、记忆、智能等加工过程密切相关,不受刺激的物理特性的影响,如 N200、P300、N400、LPC 等;

③ 中源性成分:既与刺激的物理属性相关又与心理因素相关的成分。

实质上,脑电认知是极其复杂的过程。依据实验获取的 ERP 总平均波形,研究重点分析一个外源成分 N100,以反映驾驶人直觉反应条件下的早期注意分配;同时,分析两个与认知相关的内源成分 N200、P300,以反映驾驶人对选择注意事件的辨别加工过程及注意资源的分配过程和认知负荷水平。3 种成分简单介绍如下:

N100 成分是刺激呈现后出现的第一个负成分,潜伏期为 100~200ms。N100 通常有两种分布,第一种分布在前额区域,潜伏期为 100~150ms,容易受早期注意的影响,注意分配越多,振幅越大。

N200 成分潜伏期在刺激呈现后 200~350ms,是一个分布于前额、前额中央联合区和中央区的负走向波,能够反映个体对外界事物的早期认知加工及认知辨别。文献普遍认为 N200 与认知和认知控制有关,在认知和决策冲突的监测中发挥了重要的作用,包括对注意和强势反应的抑制等认知控制过程。

P300 成分通常情况下是人脑在分辨新异刺激时所引发的,其代表了刺激判别、决策选择以及物体分类等思维活动的进行。在早期脑电研究中发现,人们在进行听觉、视觉的刺激分辨时,诱发电极会在刺激呈现后大约 300ms 附近出现一个明显的正向波形,且与刺激的类型无关。P300 成分能体现认知负荷的水平,认知负荷假说认为,当认知负荷较高时,当前任务所能获得的注意资源减少,致使 P300 振幅下降,加工速度变快则潜伏期变短。该成分也代表了大脑的基本认知功能，包括判断、比较、记忆以及注意等。

3) 实验范式

脑神经研究提出多种实验范式以刺激被试产生不同脑电成分，进而研究人的认知过程。目前常见的实验范式包括 Oddball 范式、Go/Nogo 范式和 N-back 范式。N100、N200 及 P300 成分的产生需要特殊的刺激来实现，已有研究常采用 Oddball 范式和 Go/Nogo 范式。事实上，Oddball 范式中重点研究大脑的注意和记忆加工机制，而 Go/NoGo 范式则用来探讨大脑的抑制加工。因此，研究采用 Oddball 范式的实验方法获取驾驶人的三种成分，以研究不同复杂度桥形标志对大脑认知的影响。

Oddball 实验范式的要点是，对同一感觉通道施加两种刺激：一种刺激出现概率很大，如 80%；另一种刺激出现的概率很小，如 20%。两种刺激以随机顺序出现。实验任务要求被试关注小概率刺激，只要小概率刺激一出现就尽快做出反应，这里的靶刺激是小概率刺激。目前，Oddball 双刺激范式被认为是诱发 P300 波形的一种比较有效的手段，其刺激的呈现模式如图 7-17 所示。图中白色方块为标准刺激，黑色方块为靶刺激，两者以随机顺序出现，且靶刺激以小概率出现，标准刺激以大概率出现，当靶刺激出现时会诱发被试产生 P300。此外，在 Odball 双刺激的研究基础上，研究者又逐渐发现了新的 Oddball 范式，单刺激范式和三刺激范式，不再进行具体介绍。

图 7-17 Oddball 双刺激范式示意图

## 7.3.2 桥形标志的脑电认知实验

为研究不同复杂度桥形标志对驾驶人隐性特征的影响规律，挖掘认知决策过程的变化特征。鉴于此，以不同复杂度桥形标志为靶刺激、其他标志为标准刺激，基于 Eprime 实验平台开发实验刺激程序，招募驾驶人并佩戴脑电仪，开展脑电认知实验，实时获取驾驶人动态的脑电数据，为实现桥形标志对驾驶人内在隐性特征影响规律的数据分析及特征描述奠定基础。

1) 实验设备

实验采用的脑电仪为 Neuroscan 公司生产的 40 导联脑电设备。实验前，需在刺激电脑上安装 Eprime 软件，用于编写刺激呈现程序，通过功能模块的拖拽及程序的编写，将实验流程写入程序，通过刺激电脑进行刺激的呈现及按键等行为的操作记录。刺激电脑通过 Trigger 线与放大器连接，进行数据的交换。

在采集电脑上安装 Curry 7 软件，通过配置放大器型号和参数，连接采集电脑和放大器。连接成功后，Curry 7 采集软件可以在线显示脑电帽各个电极位置的阻抗，当所有阻抗在 5kΩ 以下时，可以开始采集脑电信号，采集软件能实时显示脑电信号，以及记录刺激电脑的 mark 信号，以便后期相同刺激的脑电信号的叠加。采集电脑将脑电信号存储为 .dat 的数据文件。

2）实验方案

实验以 4 种桥形标志为靶刺激分别设置 4 组子实验，即桥形标志 A、桥形标志 B、桥形标志 C1 及桥形标志 C2，每组标准刺激均相同。为保障实验顺利实施，实验前需大量准备工作，如靶刺激及标准刺激标志设计、刺激程序编程等，现简单介绍相关设计工作。

（1）靶刺激设计

为深入研究不同复杂度桥形标志对驾驶人深层认知的影响规律，实验的靶刺激选用与驾驶模拟实验相同的 4 个桥形标志。4 个靶刺激的地名相同，地名文字形状笔画等设计类似，且非日常熟悉地名。4 个靶刺激标志版面如图 7-18 所示。

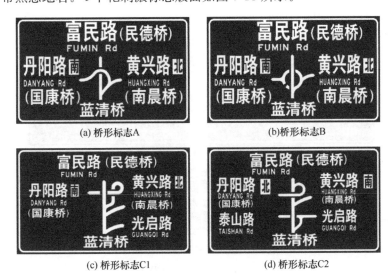

图 7-18　4 个靶刺激版面图

（2）标准刺激设计

此外，在北京市常见的 37 种桥形标志中，另选取 4 个标志作为标准刺激，如图 7-19 所示。通过多次预实验测试，最终选取 4 个低等复杂度，且图形差异相对较小的标志作为

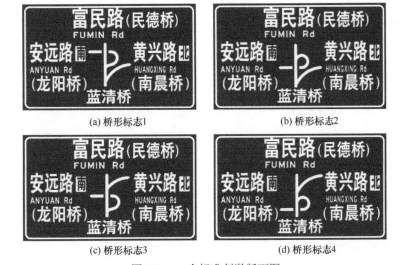

图 7-19　4 个标准刺激版面图

标准刺激，以达到较好诱发靶刺激 P300 波的效果。标准刺激除目的地路名与靶刺激地名不同外，其他地名选用与标准刺激相同名称的地名。

（3）目的路名位置设计

实验程序随机呈现靶刺激图片和标准刺激图片，要求被试人员在找到目的地的同时进行按键操作。为防止被试人员找到规律，仅看标志某一个区域来判断是不是目的地，而不去看标志图形，故实验由单一目的地位置的呈现，更改为不同方向目的地的随机呈现。如图 7-20 所示，以标志 A 为例，目的地为丹阳路的国康桥，同一个桥形标志设置 3 种目的地版面，目的地位置分别在左侧、右侧和直行位置。按照这种方式，所有的标准刺激和靶刺激均设置有 3 种目的地的版面形式。

图 7-20　目的地位置设计

（4）刺激程序实现

靶刺激和标准刺激版面设计完成后，借助 Eprime 软件编写实验程序，实现图片的呈现和切换以及按键记录，具体流程图如图 7-21 所示。程序包含眼动仪三点标定界面，标定完成后按任意键进入实验指导语界面，通过按键"P/Q"选择进行练习还是正式实验，练习和正式实验流程一样，练习采用的刺激图片为非正式实验图片。

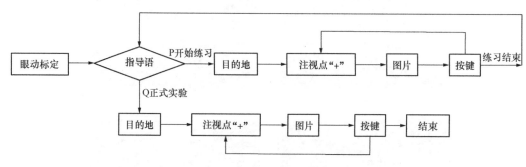

图 7-21　实验设计流程图

4 种桥形标志分别作为 4 种靶刺激，开发四组程序。以某一种桥形标志作为案例，最终程序实现的实验流程简介如下：

① 在屏幕中央显示本次实验的目的地，当被试人员确认并记住目的地后按任意键开

始视认标志。

② 屏幕中央会出现一个红色"+",要求被试把目光集中在"+"上,此界面呈现时间为800~1000ms的随机时间,时间到后自动跳转到标志图片,以防止被试人员预知下一个界面的出现时间。

③ 呈现一张标志图片进行练习,被试通过视认标志寻找目的地,当在标志中找到目的地时,按空格键;当在标志中未找到目的地时,按"N"键。然后界面跳转到注视点界面,继续下一个图片。当被试视认时间超过4000ms时,界面自动跳转到注视点界面。

④ 靶刺激、非靶刺激桥形标志呈现过程,找到目的地时按空格键,未找到目的地时按"N"键,其他设置同练习过程相同。靶刺激出现概率为20%。为满足实验范式对刺激叠加的要求,共39张靶刺激图片。标准刺激出现概率为80%,共156张。

⑤ 整个程序中共含有195个靶刺激及标志刺激,实验过程中39张靶刺激图片不连续出现,且标志图片均以随机顺序出现。所有图片呈现完后,程序结束。

3) 实验对象

共招募24名持有驾照的驾驶人。其中男性驾驶人15名,女性驾驶人9名。年龄分布在20~45岁($AV=26.17$,$SD=7.04$),驾龄平均值为3.85年($SD=4.2$)。为避免因年龄过大而出现脑电信号弱、不稳定等现象,驾驶人身体状况均良好,实验期间未感冒,未服用刺激性药物、茶及咖啡,以减少对脑电的干扰。所有被试人员均为右利手,以排除左右手按键差异性对脑电的影响。被试无色弱、色盲,视力水平在0.5以上,实验中不能佩戴眼镜,眼动仪具有近视镜片可对被试视力进行矫正。

4) 实验流程

静态脑电认知实验共4组子实验,每个子实验只含一种复杂度的桥形标志作为靶刺激,每个实验时间约为15min,4个子实验以随机顺序进行。两实验间隔5min,以让被试人员得到适当休息。具体实验介绍流程如下:

(1) 前期准备:提醒被试人员来实验当天要洗头,保持头皮干净才有利降低头皮阻抗,提醒被试人员休息好,不能喝咖啡等刺激性食物。实验员提前准备好干净的脑电帽,以及导电膏、磨砂膏、针管、棉签、胶带等实验物品,提前打开实验电脑,连接好实验设备。被试人员到达实验室后,填写基本信息表,包括年龄、驾龄、精神状态等信息。

(2) 仪器佩戴:由实验员为被试佩戴40导脑电帽,在眼电及参考电极位置,需先抹少量磨砂膏清洗皮肤表层,再注射导电膏使电极阻抗快速降低。用针管将所有电极注入导电膏,通过观察采集电脑上电极阻抗,当阻抗降到5kΩ以下该电极可以正常采集脑电信号。佩戴眼动仪,并进行三点标定。

(3) 脑电信号测试:检查仪器线路衔接,并点击去掉50周的选项。确定后按键开始脑电仪、眼动仪记录工作并查看同步记录、数据记录是否正常;实验员要求被试人员闭眼一睁眼、转动眼球、水平扫视,查看数据波形是否正常。

(4) 正式实验:实验开始后,时刻保持实验环境的安静。被试人员通过练习熟悉实验操作后,开始正式实验,所有刺激呈现完成后,程序自动结束。每个实验结束后,要求被试人员在实验记录纸上画出含有目的地名标志的图形,随后休息5min。

(5) 继续实验:下一组实验开始前,需重新标定眼动,并检查脑电信号是否正常。因此,重复步骤(2),开始下一组实验,直至4组子实验全部完成。

(6)实验结束:实验完成后,由实验员摘取眼动仪和脑电帽。被试人员可在实验室洗头,实验员整理实验仪器,并清洗脑电帽,填写主观问卷。

5)数据处理

结合Curry 7分析软件对数据进行处理以获取精确的脑电波形,并依据波形提取相应的脑电成分。对ERP波形进行预览,剔除原始信号中典型的干扰噪声、肌肉运动等产生的十分明显的波形漂移数据,然后经过脑电信号去除眼电伪迹、数字滤波、脑电分段、基线校正、叠加平均和平滑处理6个步骤得到最后的脑电波形。

结合前人研究,通过对于各组的总平均ERP波形图进行目测观测分析,确定了3个主要的ERP成分,分别是分布于额区的N100、N200成分和分布于顶区的P300成分。图7-22以桥形标志A为例,展示了实验中1个靶刺激与4个标准刺激位于中线的FCZ电极点的波形图。

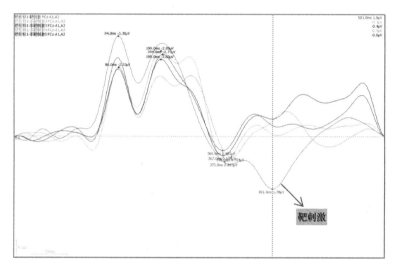

图7-22 FCZ电极处波形总平均波形

根据总平均ERP波形图特征,结合N100、N200成分的分布和含义,选取前额和前额中央联合区6个电极点(F3,FZ,F4,FC3,FCZ,FC4)作为两种成分的分析电极。并结合两成分主要分布时间区域,选取60～130ms、150～250ms内两种成分的平均振幅、最小极值点峰值振幅及潜伏期进行分析。同时,结合P300成分的含义及分布,选取中央区至顶区9个电极点(C3,CZ,C4,CP3,CPZ,CP4,P3,PZ,P4)作为该成分的分析电极,并结合该成分的主要分布时间段,选择400～600ms内的P300成分平均振幅、最大极值点峰值振幅及潜伏期进行分析,如表7-18所示。

3种成分分析电极及分析时间窗口 表7-18

| 序号 | 成分 | 电极 | 时间窗口(ms) |
|---|---|---|---|
| 1 | N100 | F3,FZ,F4,FC3,FCZ,FC4 | 60～130 |
| 2 | N200 | F3,FZ,F4,FC3,FCZ,FC4 | 150～250 |
| 3 | P300 | C3,CZ,C4,CP3,CPZ,CP4,P3,PZ,P4 | 400～600 |

### 7.3.3 桥形标志对脑电认知特征的影响

研究采用重复测量方差分析,针对 N100、N200 及 P300 开展 4 组子实验中靶刺激间的对比分析。以查看不同复杂度桥形标志影响下,驾驶人的早期注意、认知选择注意及认知负荷变化。

1) N100

针对桥形标志 A、B、C1、C2 影响下的 N100 成分进行分析,结果如表 7-19 所示。可以看出,4 种桥形标志间的 N100 成分指标并未呈现显著性差异($P>0.05$)。

**4 种桥形标 N100 分析结果**　　　　　　　　　　　　　　　　表 7-19

| 4 种桥形标志主效应 | N100 | |
|---|---|---|
| | $F$ | $sig$ |
| 平均振幅 | 0.86 | 0.47 |
| 峰值 | 1.16 | 0.34 |
| 峰值对应潜伏期 | 1.93 | 0.14 |

然而,随着桥形标志复杂度增加,能够诱发 N100 的平均振幅、峰值更多的负向偏移,如图 7-23 所示。表明桥形标志越复杂将致使驾驶人早期注意分配越多。桥形标志复

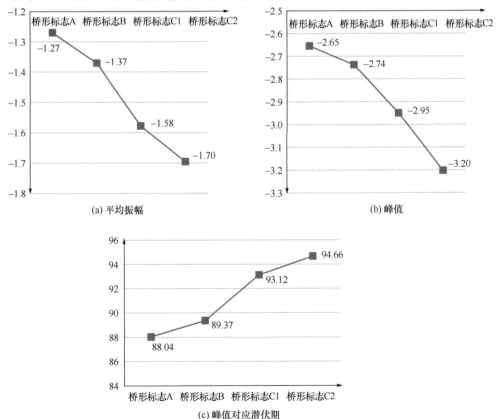

图 7-23　N100 分析结果

杂度增加，潜伏期增加，表明驾驶人早期注意时间越滞后。

2）N200

针对桥形标志 A、B、C1、C2 影响下的 N200 成分进行分析，结果如表 7-20 所示。可以看出，4 种桥形标志间的 N200 平均振幅、峰值呈现显著性差异（$P<0.05$），峰值对应潜伏期未呈现显著性差异（$P>0.05$）。如图 7-24 所示，随着桥形标志复杂度增加，能够诱发 N200 的平均振幅、峰值更少的负向偏移，但对于桥形标志 C2 负向偏移明显增多。说明驾驶人在众多刺激中对桥形标志 A、B、C1 的辨别更容易，对桥形标志 C2 的认知辨别过程更难。这可能与桥形标志 C2 同标准刺激标志图形相似、辨别难度大均存一定关系。不同复杂桥形标志影响下，峰值对应潜伏期差别不大，如图 7-24 所示。

**4 种桥形标志 N200 分析结果**　　　　　　　　　　　　表 7-20

| 4 种桥形标志主效应 | N200 | |
|---|---|---|
| | $F$ | $P$ |
| 平均振幅 | 3.05 | 0.04* |
| 峰值 | 2.90 | 0.05* |
| 峰值对应潜伏期 | 0.57 | 0.64 |

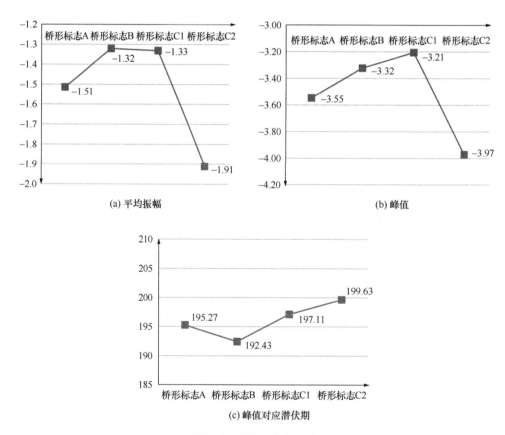

图 7-24　N200 分析结果

3) P300

针对桥形标志 A、B、C1、C2 影响下的 P300 成分进行分析，结果如表 7-21 所示。可以看出，4 种桥形标志间的 P300 平均振幅、峰值呈现显著性差异（$P<0.05$），峰值对应潜伏期呈现边缘性显著性差异（$P=0.05$）。

4 种桥形标志 P300 分析结果　　表 7-21

| 桥形标志主效应 | P300 | |
| --- | --- | --- |
| | $F$ | $sig$ |
| 平均振幅 | 9.28 | 0.00* |
| 峰值 | 3.47 | 0.02* |
| 峰值对应潜伏期 | 2.86 | 0.05 |

注：* 为方差分析结果呈现边缘性显著差异，即 $0.05<P<0.1$。

如图 7-25 所示，随着桥形标志复杂度增加，能够诱发 P300 的平均振幅、峰值更多的正向偏移。说明随着桥形标志复杂度增大驾驶人认知难度显著增加（$P<0.05$），尤其是高等复杂桥形标志认知负荷明显高于低、中等复杂桥形标志。

桥形标志复杂增加，峰值对应潜伏期逐渐降低，但桥形标志 C2 潜伏期增大，如图 7-25 所示。说明复杂度增加，与标准刺激区别增大，认知速度加快。对桥形标志 C2 的认知速度更慢，很可能由于该标志与标准刺激标志图形相似存在一定的关系。

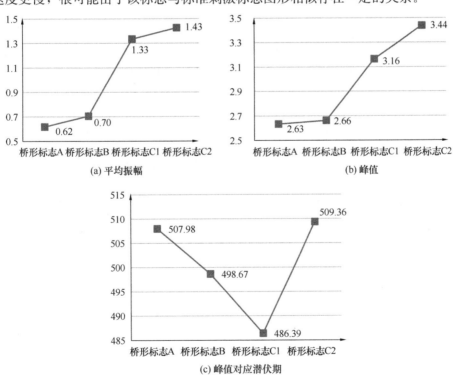

图 7-25　P300 分析结果

结合以上针对脑电成分的分析可知，不同复杂桥形标志能够影响驾驶人的早期注意、认知辨别加工及认知负荷水平，进而影响驾驶人的系列决策。随着复杂度增加，驾驶人的

早期注意分配增加、认知负荷显著增加。同时，桥形标志越复杂，与简单桥形标志区别越大，越容易从简单桥形标志中辨别

## 7.4 桥形标志对驾驶人显性、隐性特征影响的关联关系

### 7.4.1 灰色关联质量

从不同桥形标志影响下驾驶人行为、视认显性特征与脑电隐性特征间的关联关系入手，揭示不同复杂桥形标志对驾驶人感知过程、决策过程及行为表现过程的影响机理。

研究以 N100、N200、P300 的峰值作为参考序列，以 6 种视认指标、6 种驾驶行为指标为比较序列，计算脑电成分与行为、视认间的关联关系，并求解最终总关联质量。并依照表 7-22 中关联质量水平划分进行质量等级区分。

关联质量等级划分　　　　　　　　　　　　　　　表 7-22

| 关联系数 | 关联质量等级 | 关联质量水平划分 |
| --- | --- | --- |
| $0.85<r\leqslant 1$ | 极强关联质量 | $0.94<r_s\leqslant 1.3$ |
| $0.65<r\leqslant 0.85$ | 强关联质量 | $0.55<r_s\leqslant 0.94$ |
| $0.35<r\leqslant 0.65$ | 中关联质量 | $0.16<r_s\leqslant 0.55$ |
| $0<r\leqslant 0.35$ | 弱关联质量 | $0<r_s\leqslant 0.16$ |

从表 7-23 分级结果可以看出，脑电指标与 6 种视认指标间为强关联质量，关联关系紧密。然而，脑电指标与 2 种驾驶行为指标间关系为中关联质量，与其余 4 种行为指标为强关联质量。结果表明，相比与视认指标间的关联，脑电认知指标与驾驶行为指标间的关联更弱，尤其是与运行状态指标。

脑电特性指标与视认、行为指标的关联质量　　　　　　　表 7-23

| 类别 | 指标 | 关联质量 | 关联质量等级 |
| --- | --- | --- | --- |
| 信息搜索 | 总注视次数 | 0.76 | 强 |
| | 标志内眼跳次数 | 0.80 | 强 |
| | 标志内注视次数 | 0.84 | 强 |
| 信息提取 | 总注视时间 | 0.73 | 强 |
| | 平均注视时间 | 0.76 | 强 |
| | 首个注视点时间 | 0.61 | 强 |
| 运行状态 | 速度 | 0.83 | 强 |
| | 速度标准差 | 0.50 | 中 |
| | 加速度 | 0.54 | 中 |
| | 加速度标准差 | 0.58 | 强 |
| 操控行为 | 油门功效 | 0.70 | 强 |
| | 油门变化间距 | 0.62 | 强 |

以上分析可以看出，脑电认知与信息搜索、信息提取、运行状态及操控行为间的关联质量不同。因此，将每类指标的关联质量进行平均（图7-26），以获取脑电与4类指标间的具体关联水平。从图7-26中可以看出，与脑电认知特性的关联质量由强到弱依次为信息搜索、信息提取、操控状态、运行状态。结果表明，驾驶人隐性脑电认知特性与视认特性关系最紧密，尤其是信息搜索类指标。隐性脑电认知特性与行为特性间的关联比视认特性弱，尤其是运行状态类指标。

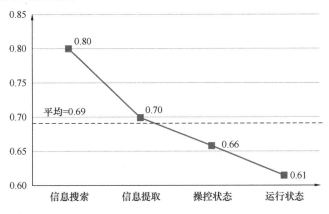

图7-26 脑电特性指标与视认、行为指标的关联质量图

### 7.4.2 灰色关联熵

为改进灰关联分析导致的局部关联倾向和个性信息损失不足，邓聚龙等提出了能够解决上述问题的灰关联熵分析法，在关联分析度分析的基础上运用信息熵理论对系统中各影响因素之间的相似程度、吻合程度做出定量描述，并能够充分利用由点关联系数提供的丰富个性信息，实现整体性接近，以改善灰关联分析法的不足。灰关联熵的具体建模步骤如图7-27所示。

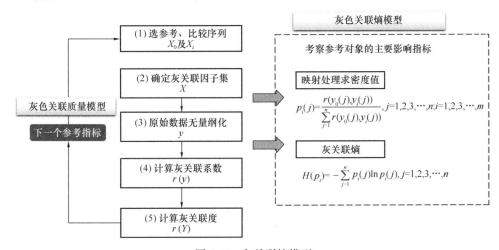

图7-27 灰关联熵模型

其中，灰关联熵的最大值为 $H_{max} = \ln(n)$。由于研究选取4种桥形标志，因此 $n=4$，最大灰关联熵为1.386。灰关联熵值越大表明该比较序列的灰关联系数差异度越小，与参

考序列的吻合度越高，关联性越大，对参考序列的影响程度也越大，此时比较序列所对应的影响因子排列顺序就越靠前。

可以看出，采用灰色关联熵分析能够考察参考对象的主要影响指标。事实上，在驾驶人对桥形标志的整个认知过程中，驾驶行为表现是视觉认读及脑电认知的最直观反映。同时，驾驶行为表现是影响驾驶安全、运行效率以及其他交通车辆驾驶状态的重要因素。为此，研究以驾驶行为指标为参考对象，查看视认特性、脑电认知特性指标与其的关联熵，进而获取视认及脑电特性对驾驶行为的影响关系。基于灰色关联熵原理，计算驾驶行为各指标与其他两类指标间的灰色关联熵，具体结果如表7-24所示。从表中可以看出，驾驶行为受驾驶人信息搜索、信息提取（除首个注视点时间）、早期注意的影响较大。认知负荷、认知辨别、首个注视点时间对驾驶行为影响较小。

脑电与视认特性指标对行为指标的关联熵　　　　　表7-24

| 类别 | 指标 | 速度 | 速度标准差 | 加速度 | 加速度标准差 | 油门功效 | 油门变化间距 | 平均关联熵 |
|---|---|---|---|---|---|---|---|---|
| 信息搜索 | 总注视次数（次） | 1.37 | 1.33 | 1.34 | 1.35 | 1.35 | 1.35 | 1.35 |
| | 标志内眼跳次数（次） | 1.33 | 1.36 | 1.36 | 1.37 | 1.3 | 1.34 | 1.34 |
| | 标志内注视次数（次） | 1.34 | 1.35 | 1.35 | 1.37 | 1.31 | 1.35 | 1.34 |
| 信息提取 | 总注视时间（s） | 1.37 | 1.33 | 1.33 | 1.33 | 1.35 | 1.34 | 1.34 |
| | 平均注视时间（s） | 1.38 | 1.32 | 1.33 | 1.33 | 1.35 | 1.34 | 1.34 |
| | 首个注视点时间（s） | 1.29 | 1.28 | 1.3 | 1.3 | 1.36 | 1.31 | 1.31 |
| 早期注意 | N100峰值 | 1.35 | 1.34 | 1.33 | 1.35 | 1.32 | 1.35 | 1.34 |
| 认知辨别 | N200峰值 | 1.34 | 1.3 | 1.31 | 1.31 | 1.38 | 1.34 | 1.33 |
| 认知负荷 | P300峰值 | 1.3 | 1.35 | 1.35 | 1.34 | 1.29 | 1.37 | 1.33 |

将6种视认指标平均关联熵的结果转换为直观的图表形式，如图7-28所示。可以看出6种视认指标对驾驶行为的影响由大到小分别为：总注视次数＞标志内注视次数＞标志内眼跳次数＞平均注视时间＞总注视时间＞首个注视点时间。其中首个注视点对驾驶行为的影响最小。

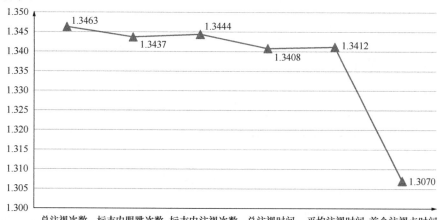

图7-28　视认特性对驾驶行为特性对灰色关联熵

将3种脑电认知指标平均关联熵的结果转换为直观的图表形式，如图7-29所示。可以看出3种视认指标对驾驶行为的影响由大到小分别为：N100峰值＞P300峰值＞N200峰值。表明早期注意对驾驶行为影响最大。

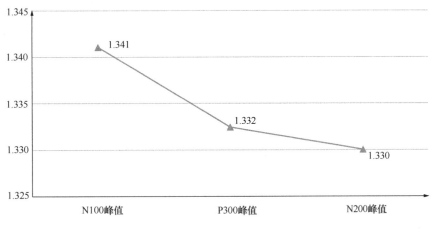

图7-29 脑电特性对驾驶行为特性对灰色关联熵

以上分析获得了不同复杂度桥形标志影响下，驾驶人视认特征、行为特征及脑电特征的变化规律，三者间的关联关系及视认与脑电特征对驾驶行为的影响关系。整体上可以看出，高等复杂度桥形标志图形复杂、信息量大，使得驾驶人信息搜索、信息提取难度增大，同时早期注意、认知负荷增大，不利于驾驶行为表现，增加走错、错过出口概率。为此，针对高等复杂度桥形标志开展优化设计与设置研究十分必要。

## 7.5 复杂桥形标志的优化设计

桥形标志作为城市快速路系统中的关键标志，其科学、合理设置能够实现对交通流的正确、快速引导，对于提升快速路路网安全、运行效率具有重要意义。为此，研究借助模拟驾驶技术，针对2种高等复杂度桥形标志，制定5种设置方法，开展驾驶模拟实验，基于多维动态驾驶行为数据，采用灰色近优综合评估方法进行复杂桥形标志不同设置方案的效用评估，进而提出复杂桥形标志优化设计设置方法，为完善相关规范及工程应用提供技术支撑。

### 7.5.1 实验设计

1）标志选取

选取前文研究的4种桥形标志中2种高等复杂度桥形标志作为研究对象（表7-25），开展优化设置研究。

2种高度复杂度桥形标志　　表7-25

| 编号 | 4 | 5 | 3 | 6 | 2 | 1 | 7 | 12 | 14 | 28 | 10 |
|---|---|---|---|---|---|---|---|---|---|---|---|
| 低等复杂度 | ![] | ![] | ![] | ![] | ![] | ![] | ![] | ![] | ![] | ![] | ![] |

续表

| 编号 | 11 | 24 | 8 | 31 | 33 | 34 | 15 | 22 | 30 | 19 | 13 | 18 | 9 | 16 | 27 |
|---|---|---|---|---|---|---|---|---|---|---|---|---|---|---|---|
| 中等复杂度 | | | | | | | | | | | | | | | |

| 编号 | 29 | 20 | 37 | 17 | 23 | 26 | 21 | 35 | 36 | 32 | 25 |
|---|---|---|---|---|---|---|---|---|---|---|---|
| 高等复杂度 | | | | | | | | | | | |

2) 实验对象

招募被试人员28名（男女比例3∶1），其中8名非职业司机，20名代驾司机，身体状况均良好，无色弱、色盲。被试年龄分布在20～55岁（$AV=33.18$，$SD=8.78$），驾龄分布在2～23年（$AV=8.72$，$SD=5.84$）。实验前禁止驾驶人饮用茶或咖啡等刺激性饮品，以减少其他因素对被试造成的影响，确保被试实验当天有良好的精神状态。驾驶人身体状况均良好，对模拟器无眩晕等不舒适感，无色弱、色盲，视力水平在0.5以上。

3) 实验场景

选取北京市典型快速路作为场景模拟对象，以桥形标志类型（2种）、设置方法（5种）作为两个控制因素，开展桥形标志优化设置方法研究。实验开发对应两种桥形标志的2类基础路径，针对每种基础路径实现5种桥形标志设置方法，累积搭建10条实验场景。

4) 基础路径

实验设计2条基础路径，分别包含桥形标志C1、C2对应的2类立交桥，如图7-30所

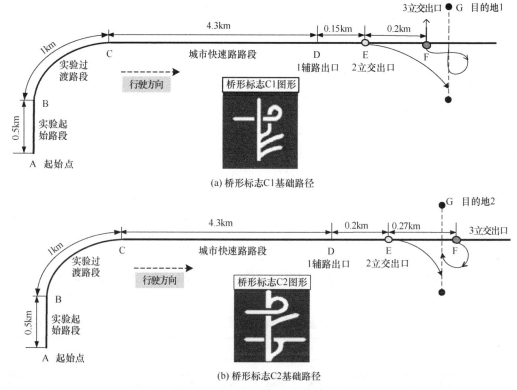

(a) 桥形标志C1基础路径

(b) 桥形标志C2基础路径

图7-30 两种桥形标志实验路径图

示。2 条基础路径 D 点以前道路组成相同，包括以下 3 个路段：

(1) A-B：0.5km 的实验起始路段（双向 4 车道，限速 60km/h）；
(2) B-C：1.0km 实验过渡路段（双向 2 车道，限速 30km/h）；
(3) C-D：4.3km 城市快速路路段（双向 6 车道，限速 80km/h）。

2 条基础路径 D 点以后各包含 1 个辅路出口、2 个立交出口，但出口间距均不相同，其中立交匝道均为单向单车道（限速 30km/h），具体参数见图 7-30。

在 3 条基础路径中，安排驾驶人分别去往目的 1、2（图 7-30），以使驾驶人在驾驶过程中使用桥形标志，进而获得桥形标志不同设置方案的引导效用。则驾驶人 2 条驾驶线路对应如下：

(1) 桥形标志 C1 基础路径中去往目的地 1 线路：A-B-C-D-E-F-G；
(2) 桥形标志 C2 基础路径中去往目的地 2 线路：A-B-C-D-E-F-G。

每条基础路径均为城市道路环境，全程为 6～8km，驾驶人行驶时间在 10min 左右。

5）5 种桥形标志设计设置方法

2016 年北京市颁布的《北京城市快速路指路标志设置指南》（简称"《指南》"）指出，桥形标志设置于立交出口减速车道的渐变段起点处，以此规定作为桥形标志设置现状，即对照组。此外，结合北京市交通委员会、北京市交通管理局交通设施管理处、北京国道通设计研究院及国外交通领域相关专家的建议，选取桥形标志提前、重复、简化、配合地面文字（简称"文字"）设置，4 种优化设置方法作为实验组。则每种桥形标志总计 5 种设置方法，每种设置方法详见表 7-26。因此，实验基于 2 种桥形标志基础路径，通过对每种桥形标志进行现状、重复、简化、文字、提前设置，制作 10 条不同实验场景。

**复杂桥形标志 5 种设置方法** 表 7-26

| 设置方法 | 桥形标志设置情况 |
|---|---|
| 现状 | 设置于减速车道渐变段起点 0m 处 |
| 提前 | 设置于减速车道渐变段起点前 700m 处 |
| 重复 | 设置于减速车道渐变段起点 0m、前 300m 处 |
| 简化 | 将桥形标志（现状）拆分成多个单出口简化桥形标志 |
| 文字 | (1) 桥形标志保持不变，设置于减速车道渐变段起点 0m 处；<br>(2) 出口附近配合地面文字设置 |

此外，《指南》规定在实际工程应用中，快速路立交出口前应设置指路标志系统：多级预告标志、桥形标志、出口标志。因此，每条实验场景除设置桥形标志外，还应在城市快速路路段第 1 个出口（D 点）减速车道渐变段起点前 2km、1.5km、0.5km 处设置相应预告标志，每个出口处设置相应出口标志。同时，为避免路名熟悉对驾驶人造成的影响，对 10 条实验场景中的每条道路进行不重复命名，路名从全国各地区（除北京以外）路名中随机选取。

以桥形标志 C2 的简化设置为例，由于该标志含有 3 个出口，依据简化原则，将桥形标志 C2 拆分成多个单出口简化桥形标志，如图 7-31 所示。不同场景中道路命名不同，相应的桥形标志等指路标志中路名不同，以避免驾驶人因记住路名而不使用指路标志寻路的情况。

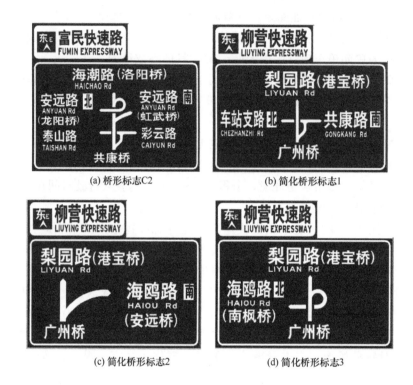

图 7-31　桥形标志 C2 简化设计示例

6）实验流程

实验共设计 10 个实验场景，每个场景包含 1 条驾驶线路。为避免驾驶人因熟悉驾驶线路而影响实验结果，实验分两次进行，两次间隔 3 天，每次随机驾驶 5 个场景。针对被试人员每次驾驶的实验步骤介绍如下：

（1）预驾驶：被试人员在非实验场景中驾驶 5min，以适应模拟车辆及环境；

（2）宣读指导语：工作人员告知驾驶人实验过程相关注意事项，如车辆限速、仪器使用、事故处理等，并告知被试人员此次去往目的地；

（3）佩戴设备：为被试人员佩戴眼动仪、皮电皮温仪器；

（4）正式驾驶：被试人员开始驾驶实验场景，模拟舱主机采集车辆运行状态、操控行为数据，工作人员记录整个实验过程；

（5）驾驶结束：驾驶结束后，工作人员提问并记录被试在本场景中寻找目的地难易程度。随后摘取设备，休息 5min，重复步骤（2），直至完成 5 个实验场景。

（6）被试将 10 个场景全部完成之后，填写主观问卷。

7）数据处理

经过对实验场景中桥形标志视认位置的反复测试，定义桥形标志前 200m 位置（视认起点）至通往目的地的匝道出口处作为指路标志的作用范围。由于在 5 种设置方法中，桥形标志提前设置后，为第 1 出口减速车道渐变段起点前 700m，故以第 1 出口减速车道渐变段起点（D'）前 900m 处（O）作为桥形标志影响范围起点。则桥形标志 C1、C2 影响范围为 O-F，如图 7-32 所示。

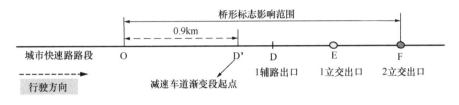

图 7-32 桥形标志影响范围

为实现桥形标志指路效用的全面评估，研究从驾驶人运行安全、操控行为、运行畅通、主观感受 4 个层面出发，获取桥形标志影响范围内 9 个指标的实验数据，建立主客观相结合的综合评估指标体系。9 类指标简介如下：(1) 运行安全指标：速度、速度标准差、加速度、加速度标准差；(2) 操控行为指标：制动次数、油门 power；(3) 运行畅通：行驶时间；(4) 主观感受：目的地难易打分。除此之外，每场景的驾驶人出错次数（未寻找到正确目的地的总次数）表征桥形标志最终引导效果，为核实 9 种指标综合评估结果的有效性，可将其与评估结果进行对比分析。

### 7.5.2 复杂桥形标志优化方案比选

数理统计方法、模糊数学法是效用评估的两种主要方法。数理统计方法中以聚类分析、主成分分析为代表；模糊数学法包括模糊综合评价、模糊相似优先比、灰色理论等。灰色近优基于灰色理论发展而来，具有计算工作量小、样品容量要求低、评价结果客观的特点。研究针对桥形标志不同方案，建立的综合评估指标体系存在评估指标多、影响因子多、指标权重难以确定等问题，因此适合选择灰色近优方法进行综合评价。

获取两类桥形标志不同设置方案影响下的 9 种评估指标实验数据，如表 7-27 所示。

9 种评估指标实验数据　　　　表 7-27

| 序号 | 桥形标志 C1 | 现状 | 提前 | 重复 | 简化 | 文字 |
|---|---|---|---|---|---|---|
| 1 | 速度均值 | 69.36 | 70.76 | 70.03 | 69.07 | 68.70 |
| 2 | 速度标准差 | 11.05 | 10.02 | 8.96 | 10.65 | 12.14 |
| 3 | 加速度均值 | −0.08 | −0.09 | −0.07 | −0.07 | −0.09 |
| 4 | 加速度标准差 | 26.61 | 0.50 | 0.34 | 0.36 | 23.47 |
| 5 | 行驶时间 | 141.06 | 136.58 | 138.32 | 138.46 | 143.21 |
| 6 | 制动次数 | 12.21 | 6.00 | 10.39 | 6.00 | 11.50 |
| 7 | 油门 power | 479.95 | 231.65 | 639.85 | 257.00 | 455.55 |
| 8 | 刹车 power | 115.89 | 79.29 | 89.61 | 59.89 | 76.18 |
| 9 | 目的地容易程度打分 | 7.96 | 8.15 | 8.15 | 7.07 | 7.93 |

续表

| 序号 | 桥形标志 C2 | 现状 | 提前 | 重复 | 简化 | 文字 |
|---|---|---|---|---|---|---|
| 1 | 速度均值 | 72.78 | 71.03 | 72.87 | 72.46 | 71.52 |
| 2 | 速度标准差 | 7.91 | 7.72 | 7.85 | 7.47 | 9.10 |
| 3 | 加速度均值 | −0.07 | −0.06 | −0.07 | −0.07 | −0.07 |
| 4 | 加速度标准差 | 0.32 | 0.32 | 0.33 | 0.32 | 0.38 |
| 5 | 行驶时间 | 113.27 | 116.39 | 113.52 | 113.82 | 115.56 |
| 6 | 制动次数 | 12.43 | 7.14 | 15.61 | 4.86 | 11.18 |
| 7 | 油门 power | 516.80 | 385.12 | 570.79 | 221.06 | 388.22 |
| 8 | 刹车 power | 14.39 | 22.61 | 25.79 | 15.97 | 57.49 |
| 9 | 目的地容易程度打分 | 8.00 | 8.70 | 7.78 | 7.70 | 7.56 |

为实现每类桥形标志的 5 种设置效用的灰色近优综合评估，按照灰色近优综合评估原理，逐步求解桥形标志 C1、C2 的 5 种设置方法对应的近优度白化灰行矩阵 $\overline{\boldsymbol{R}}'_{s1}$、$\overline{\boldsymbol{R}}'_{s2}$。则对应 2 个近优度白化灰行矩阵具体如下：

$$\overline{\boldsymbol{R}}'_{s1} = [0.23, 0.27, 0.36, 0.29, 0.23]$$

$$\overline{\boldsymbol{R}}'_{s2} = [0.48, 0.54, 0.56, 0.47, 0.53]$$

根据灰色近优综合评估结果，结合表征桥形标志最终引导效果的驾驶人出错次数指标，针对两类复杂桥形标志的优化设置方法简单分析如下。

1) 桥形标志 C1 优化设置方法

图 7-33 显示，桥形标志 C1 不同设置方案的近优度排序为重复、简化、提前、现状、文字；驾驶人出错次数由低到高排序为：重复、简化、提前、文字、现状，两者排序基本一致。结果表明，桥形标志 C1 最优设置方法为重复设置，其次为简化、提前设置。桥形标志 C1 现状、配合地面文字设置效果相对不理想，驾驶人出错次数较多。

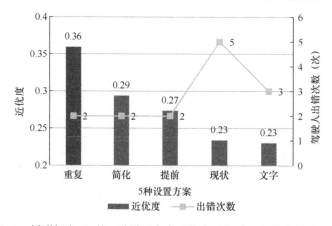

图 7-33 桥形标志 C1 的 5 种设置方案近优度及驾驶人出错次数影响范围

2) 桥形标志 C2 优化设置方法

桥形标志 C2 不同设置方案的近优度及驾驶人出错次数如图 7-34 所示。可以看出，近优度由高到低排序为重复、提前、文字、现状、简化；驾驶人出错次数由低到高排序为：重复、文字、提前、现状、简化，两者排序基本吻合。可见，桥形标志 C2 的最优设置方法为重复设置，其次为提前设置、配合地面文字。桥形标志 C2 现状、简化设置后对驾驶人综合影响效果不理想，且易使驾驶人出错次数增加。

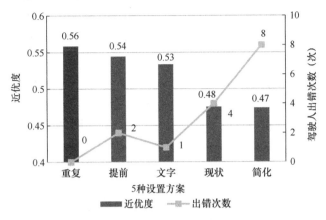

图 7-34 桥形标志 C2 的 5 种设置方案近优度及驾驶人出错次数影响范围

如果将标志设置效用分成 5 个水平，即上等水平、中上等水平、一般水平、中下等水平、下等水平，汇总两种桥形标志不同设置方法的效用评估结果，如表 7-28 所示。可以看出两种桥形标志现状设置效用并未达到最优水平，均处于中下等水平。桥形标志 C1、C2 上等水平优化方法为重复设置。提前设置效果较为稳定，能够使得两种桥形标志指路效果在一般水平、中上等水平；图形简化效果不稳定，两种桥形标志条件下简化效果差别较大；配合地面文字设置后，桥形标志指路效果在一般水平及以下，对比现状，其提升效果不理想。

3 种桥形标志不同方案设置效用水平排序　　　　　　　表 7-28

| 效用水平 | 1（上等水平） | 2（中上等水平） | 3（一般水平） | 4（中下等水平） | 5（下等水平） |
| --- | --- | --- | --- | --- | --- |
| 桥形标志 C1 | 重复 | 简化 | 提前 | 现状 | 文字 |
| 桥形标志 C2 | 重复 | 提前 | 文字 | 现状 | 简化 |

整体上，开展驾驶模拟实验获取 9 种评估指标，结合灰色近优综合评估方法研究两种典型复杂桥形标志优化设置方法。通过分析，得出如下结论：

（1）两种复杂桥形标志的现状设置效用并未达到最优水平，处于中下等水平且驾驶出错次数较高，现状桥形标志有较大的效用提升空间。

（2）两种复杂桥形标志最优设置方法相同，均为重复设置；桥形标志优化设置后，能够提升驾驶人综合影响水平，并降低驾驶出错次数。

（3）桥形标志提前设置方法效果一般，但较稳定，均使得提前后的桥形标志指路效果在一般水平及中等水平。

（4）出口处配合地面文字设置后，桥形标志指路效果在一般水平及以下；对比现状桥形标志设置效用，提升效果不理想。

（5）灰色近优综合评估结果与驾驶人出错次数排序基本一致，桥形标志不同设置方案综合评估结果具有一定的有效性。

## 本章参考文献

[1] 孙家驷. 道路立交规划与设计[M]. 北京：人民交通出版社，2009.

[2] 周蔚吾. 道路交通标志标线设置技术手册[M]. 北京：知识权出版社，2007.

[3] 中华人民共和国住房和城乡建设部，中华人民共和国国家质量监督检验检疫总局. 城市道路交通标志和标线设置规范 GB 51038—2015[S]. 北京：中国计划出版社，2015.

[4] 中华人民共和国国家质量监督检验检疫总局，中国国家标准化管理委员会. 道路交通标志和标线第2部分：道路交通标志 GB 5769.2—2009[S]. 北京：中国标准出版社，2009.

[5] 陈明磊，吴湛坤. 美国高速公路简图指路标志设计研究[J]. 中外公路，2012，(2)：268-271.

[6] 赵仑. ERPs 实验教程[M]. 南京：东南大学出版社，2010.

[7] 李扬. 阈下抑郁个体对不同刺激类型情绪图片认知加工特点的 ERP 研究[D]. 北京：北京中医药大学，2014.

[8] LIU B, WANG Z, SONG G, et al. Cognitive processing of traffic signs in immersive virtual reality environment: An ERP study[J]. Neuroscience Letters, 2010, 485(1): 43-48.

[9] CAUSSE M, FABRE E, GIRAUDET L, et al. EEG/ERP as a measure of mental workload in a simple piloting task[J]. Procedia Manufacturing, 2015, 3: 5230-5236.

[10] AGAM Y, SEKULER R. Interactions between working memory and visual perception: An ERP/EEG study[J]. Neuroimage, 2007, 36(3): 933-942.

[11] GIRAUDET L, IMBERT J P, BÉRENGER M, et al. The neuroergonomic evaluation of human machine interface design in air traffic control using behavioral and EEG/ERP measures[J]. Behavioural Brain Research, 2015, 294: 246-253.

[12] 孙丽. 不同认知方式个体的事件相关电位研究[C]. //第十届全国心理学学术大会论文摘要集，2005.

[13] 覃爱民. 基于 ERP 的不同类汉语因果句加工的性别差异研究[D]. 成都：四川外国语大学，2015.

[14] 张锴铎. 基于脑电的视觉信息加工机制研究[D]. 厦门：华侨大学，2017.

[15] SMITH D P, HILLMAN C H, DULEY A R. Influences of age on emotional reactivity during picture processing[J]. The Journals of Gerontology Series B: Psychological Sciences and Social Sciences, 2005, 60(1): P49-P56.

[16] PFISTER R, FOERSTER A, KUNDE W. Pants on fire: The electrophysiological signature of telling a lie[J]. Social Neuroscience, 2014, 9(6): 562-572.

[17] 付辉建. 基于脑电信号分析的风险感知研究[D]. 杭州：浙江大学，2016.

[18] TSOLAKI A C, KOSMIDOU V, KOMPATSIARIS I Y, et al. Brain source localization of MMN and P300ERPs in mild cognitive impairment and Alzheimer's disease: a high-density EEG approach[J]. Neurobiology of aging, 2017, 55: 190-201.

[19] PICTON T W. The P300 wave of the human event-related potential[J]. Journal of Clinical Neurophysiology, 1992, 9(4): 456-479.

[20] 苏德保，李红霞. 基于灰色近优法的蜂窝涤纶混纺针织物服用性能评价[J]. 毛纺科技，2014，42(2)：57-61.

# 第 8 章　城市快速路多信息出口标志效用评估及优化

为解决快速路高架路段多信息出口标志的信息选择问题,本章借助标志室内视认实验,获取驾驶人对多信息出口标志的主观认知特征,挖掘多信息出口标志的视觉搜索模式,通过统计分析搭建多信息出口标志认读模型,提出出口标志版面信息量及布局方式优化方法,为特殊条件下指路标志信息选取提供技术指导。

## 8.1　城市快速路多信息出口现状

随着城市道路建设和区域经济的活跃,城市道路路网密度增加。同时,我国城市道路命名方式复杂,同一道路具有多个路名的现象十分普遍。这就为我国道路出口信息指示带来难题。特别是快速路高架路段,具有路段长、出口少、横跨多条城市道路等特点,使得出口待指引信息较多,如图 8-1 所示。不同的驾驶环境极易影响驾驶行为与驾驶状态。前人的研究已经表明,日常出行中复杂的道路环境和交通安全设施容易给驾驶人带来不良影响,尤其是信息超载、信息复杂等极易增加驾驶人认知负荷,转移驾驶人对驾驶主任务的注意,进而影响驾驶人的行为与安全。同样的,高架路段出口标志信息过多易导致驾驶人在有限的时间内难以识别、理解标志信息,而发生错过出口、突然减速、倒车逆行等危险行为,严重影响道路安全与交通运行。然而,出口标志少量的道路信息不能完全满足出行者需求,易使驾驶人错过出口、多走远路,尤其是在出口更少的快速路高架路段。

图 8-1　多信息出口标志示例

研究以探索出口标志视认需求为切入点,针对快速路高架路段出口标志,通过室内视认实验,获取标志视认时间为指标,探讨在标志信息量大小、信息排列方式变化条件下的驾驶人视觉搜索模式,以实现多信息出口标志的优化设置。

针对城市快速路高架路段出口多信息指路标志开展研究,研究思路如图 8-2 所示。研究开发互动测试程序,开展标志信息量及目的地信息版面位置全遍历的视认实验,获取驾驶人主观感受、视认特性及认知时间数据。基于统计分析,构建驾驶人对不同信息量出口标志的视觉搜索模型,并搭建信息量、信息排列方式与视认时间之间的量化关系模型,进而获取出口标志信息量设置阈值。

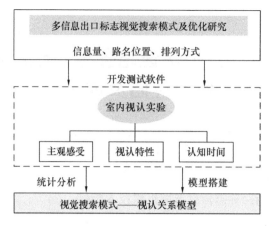

图 8-2 研究思路

## 8.2 多信息出口标志视认实验

### 8.2.1 实验目的

研究多信息出口标志不同信息量、路名放置位置及信息排版方式情况下，驾驶人主观感知、视认特性、认知时间的变化规律，以搭建信息量、排版方式和认知时间的量化关系模型。实验开展前准备工作介绍如下。

### 8.2.2 实验设计

1）被试招募

招募被试人员 32 名，被试人员年龄分布在 20~55 岁，驾龄 2~30 年，无色弱、色盲者，裸眼视力在 0.5 以上，身体健康。

2）实验材料

实验图片的材料使用 Adobe Photoshop CS6 软件进行编辑，所有标志中字体的大小、颜色、箭头等参数均保持一致，标志的设计规格符合北京市地方标准等规范的规定。依据实际工程应用，设计指路标志的信息布局，且一种信息量的标志只有一种信息布局形式。依据相关管理人员经验及专家建议，出口标志设计参数具体如下。

（1）信息量

研究设置版面路名信息为 2~12 条。

（2）版面大小

不同信息量的版面大小参数设计如下：

① 2~4 条信息：4m×2m 版面；

② 5~9 条信息：6.5m×3m 版面；

③ 10~12 条信息：8m×3m 版面。

（3）目标路名位置

考虑路名位置不同，视认搜索时间存在差异。被试人员将视认同种信息量标志各个位置的路名，实现目标路名在各个位置的全罗列。即每种信息量版面的指路标志内的所有路名位置均作为目标路名位置开展认知实验。

（4）路名无重复设计

被试人员可能会受指路标志路名熟悉度的干扰，为避免以上影响，研究选取全国各地的路名（北京除外）作为指路标志中的信息，并确保同一路名不重复出现。

综上所述，以信息量（版面中 2～12 条路名，共 11 种）及信息在指路标志内的位置（2～12 个位置）作为控制因素，设计 77 种指路标志图片，每张指路标志含 1 个目标路名。为减少其他因素的影响，指路标志均为快速路高架路段出口标志，所有指路标志中路名均不重复出现，指路标志的所有路名均要作为目标路名进行视认，指路标志样式如图 8-3 所示。

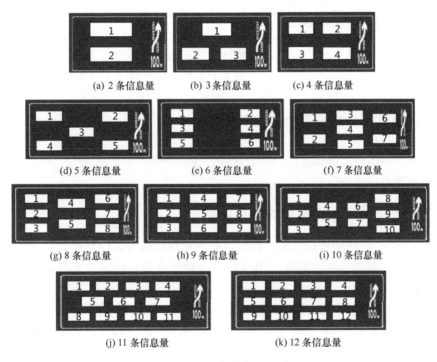

图 8-3 出口标志版面设计

3）实验仪器

研究利用 Eclipse 平台开发互动测试程序，以实现标志图片播放、按键及按键信息同步记录等功能，获取被试人员操作行为及视认时间数据。实验过程中控制标志图片随机出现，以确保实验视认时间数据的一致性。实验中被试人员佩戴 SMI 眼动仪。

将程序导入电脑，通过 LED 电子显示屏开展实验，被试人员坐在屏幕正前方 2m 处观看屏幕，通过按键完成实验。该显示屏宽为 50 英寸，分辨率为 1024×768。整个实验在隔声房间中进行，以避免外界因素的干扰。

4）实验过程

实验由预实验和正式实验组成。预实验过程中，实验人员对被试人员宣读指导语，指导实验流程，之后被试人员进入预实验练习环节。练习 2 个出口标志认读任务后，开始正式实验。

(a) 目标路名图片

(b) 出口标志图片

图 8-4 出口标志设计

正式实验中，每位被试人员均需随机视认 77 张指路标志图片，并通过按键确认此次视认完毕。具体实验流程简介如下：

（1）程序提供目标路名图片（图 8-4（a）），被试人员熟悉记住后可按键；

（2）按键后立刻出现含有目标路名的指路标志图片（图 8-4（b）），被试人员找到目标路名后按键；

（3）按键后循环步骤（1）、（2），直至所有标志图片都认读完毕，程序结束，按 ESC 键程序退出。被试人员完成实验，填写主观问卷。

实验结束后程序自动保存数据。实验过程中，程序自动记录的每种标志的认知时间。其自动记录的数据结果将生成于 EXCEL 格式的文件中。

## 8.3 多信息出口标志主观认知特性

研究调查了多信息出口标志的设置合理性、视认难度、不良影响等问题。以下抽取问卷中的重点内容进行分别介绍。

### 8.3.1 多信息出口标志设置的合理性问题

问卷给出图 8-5，询问被试人员：若您行驶的道路如图 8-5（a）所示，您认为从高架路段两出口间的辅路路名全部放置在出口标志中是否合理。被试人员答案统计结果如图 8-5（b）所示。

结果统计显示，25% 的被试人员认为合理，75% 被试人员认为不合理。认为设置合理的人员占有 1/4，表明仍有相当部分人员认可多信息出口标志的设置。问卷继续提问该多

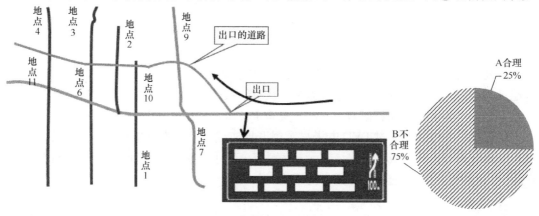

(a) 多信息出口标志设置示例

(b) 是否合理结果统计

图 8-5 问题及结果统计

信息标志设置合理或不合理设置的原因，结果如图8-6所示。

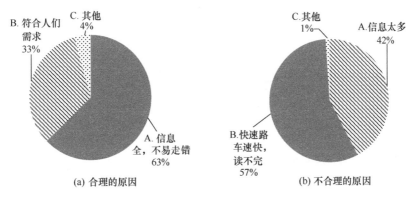

图8-6 选择的原因

可以看出，被试人员认为合理的原因主要是信息全、不易走错（63%）；被试人员认为不合理的原因主要是信息太多（57%），以及快速路车速高、信息读不完（42%）。

## 8.3.2 不同信息出口标志视认难度

问卷给出2~12条信息量的11种出口标志，让被试人员假设在快速路上行驶，分别对其进行视认难度打分（0~10分，分越高难度越大）。将被试打分结果进行统计，获得每种标志平均打分结果如图8-7所示。

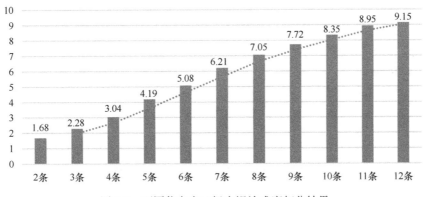

图8-7 不同信息出口标志视认难度打分结果

可以看出，出口标志版面信息在6条以内打分均低于5分，比较容易识别。从6条信息开始难度骤增，10条信息以上难度增加缓慢，达到识别难度极限。

## 8.3.3 多信息出口标志视认难度评判指标

在出口标志视认难度打分后，询问被试人员评判多信息出口标志视认难度的具体指标，统计结果如图8-8所示。

可以看出，39%的人会考虑用信息量的多少作为评判识别难度的指标，地名位置（22%）、版面大小（16%）、字体大小（16%）也是主要的评判指标。

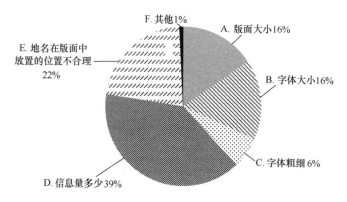

图 8-8 评判标志牌识别难度指标情况

### 8.3.4 多信息出口标志的不良影响

提问被试人员多信息出口标志的不良影响，统计选择结果，结果如图 8-9 所示。可以看出，30.82%的人认为多信息出口标志将造成认读时间变长，25.72%的人认为是目的地名不易搜索，其余为缺少图形路径指示、易踩急刹车等。

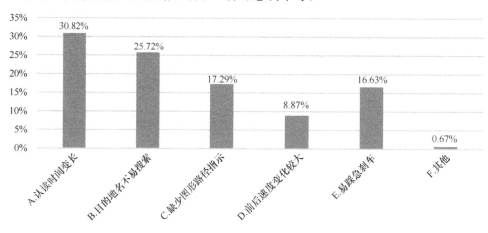

图 8-9 多信息出口标志造成的不良影响

综上所述，被试人员针对多信息出口标志的设置合理性问题褒贬不一。且出口标志信息越多，识别难度越大，对驾驶人负向影响越大。然而，以上仅为被试人员主观感知评价，为了查看被试人员客观评价，研究分析被试人员认知实验客观数据。同时采用多个分析角度，以期获取多信息出口标志视觉搜寻规律及信息选取合理阈值，解决出口标志信息设置难题。

## 8.4 多信息出口标志视觉搜索模式

研究主要从认知时间在标志版面的分配，以及对标志版面的视觉搜索顺序入手，采用方差分析及 SNK 方法针对被试人员对不同信息量标志版面的视认数据开展精细化分析。

## 8.4.1 认知时间分配

提取同种信息量标志条件下,目标路名在不同位置时的认知时间,利用方差分析及SNK方法,获得目标路名不同位置时的认知时间差异性及分类情况,进而明确同种标志版面的认知时间分配方法。

1) 2条信息版面

将2条信息版面的不同路名位置分别命名为1、2,各位置视认时间如图8-10(a)所示。分析目标路名分别在两种位置的认知时间,结果显示两者无显著性差异($P=0.321$)。结果表明该版面不同位置的认知时间同属一类,无论信息摆在何处都能快速找到目标路名,分类结果如图8-10(b)所示。

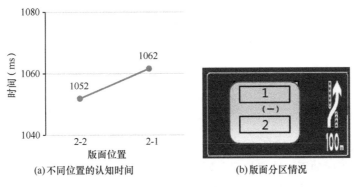

图8-10 2条信息出口标志
(一)——组

2) 3条信息版面

将3条信息版面的不同路名位置分别命名为1、2、3,各位置视认时间如图8-11(a)所示。分析目标路名分别在3种位置的认知时间,结果显示整体呈显著性差异($P=0.004$)。继续进行SNK方差分析,结果发现三者未分为一组($P=0.085$),表明3个位置的认知时间同属一类,如图8-11(b)所示。结合三者认知时间,可以发现目标路名在标志上方时所需确认时间最少,相比其他区域至少快了150ms。

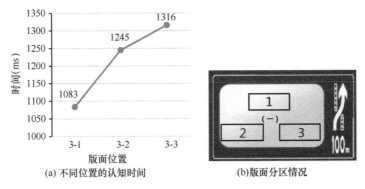

图8-11 3条信息出口标志
(一)——组

3) 4 条信息版面

将 4 条信息版面的不同路名位置分别命名为 1、2、3、4，各位置视认时间如图 8-12 (a) 所示。分析目标路名分别在 4 种位置的认知时间，结果显示整体无显著性差异（$P=0.204$）。结果反映了该版面不同位置的认知时间同属一类，各个位置认知时间差异不大，分类结果如图 8-12 (b) 所示。

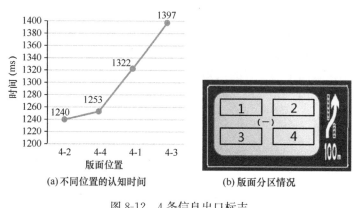

图 8-12　4 条信息出口标志
（一）——组

4) 5 条信息版面

将 5 条信息版面的不同路名位置分别命名为 1、2、3、4、5，各位置视认时间如图 8-13 (a) 所示。分析目标路名分别在 5 种位置的认知时间，结果显示整体呈显著性差异（$P=0.001$）。继续进行 SNK 方差分析，结果发现分为两组，一组（$P=0.089$）和二组（$P=0.133$），如图 8-13 (b) 所示。结果表明 5 个位置的认知时间存在显著性差异，1、2 位置的认知时间显著比 3、4、5 位置的认知时间短。因此，重要目标信息建议放置在上方 1、2 位置处。

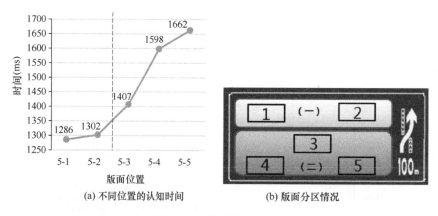

图 8-13　5 条信息出口标志
（一）——组；（二）—二组

5) 6 条信息版面

将 6 条信息版面的不同路名位置分别命名为 1、2、3、4、5、6，各位置视认时间如图 8-14 (a) 所示。分析目标路名分别在 6 种位置的认知时间，结果显示整体呈显著性差

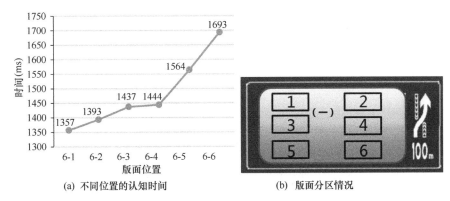

(a) 不同位置的认知时间　　　　(b) 版面分区情况

图 8-14　6 条信息出口标志
(一) ——组

异 ($P=0.002$)。进行 SNK 方差分析,结果未将 6 种位置分开 ($P=0.125$),如图 8-14 (b) 所示。结果表明 6 个位置的认知时间同属一类。然而,1、2、3、4 位置的认知时间明显更短,建议将重要目标信息建议放置在标志上方。

6) 7 条信息版面

将 7 条信息版面的不同路名位置分别命名为 1~7,各位置视认时间如图 8-15 (a) 所示。分析目标路名分别在 7 种位置的认知时间,结果显示整体呈显著性差异 ($P=0.001$)。继续进行 SNK 方差分析,结果发现分为两组,一组 ($P=0.635$) 和二组,如图 8-15 (b) 所示。可以看出位置 5 在标志最下方,为单独一组即第二组。结果表明位置 5 的认知时间显著大于其他位置的认知时间。因此,重要目标信息建议不要放置在下方 5 位置处。

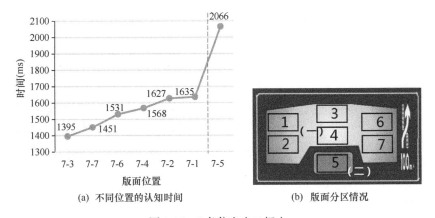

(a) 不同位置的认知时间　　　　(b) 版面分区情况

图 8-15　7 条信息出口标志
(一) ——组;(二) —二组

7) 8 条信息版面

将 8 条信息版面的不同路名位置分别命名为 1~8,各位置视认时间如图 8-16 (a) 所示。分析目标路名分别在 8 种位置的认知时间,结果显示整体呈显著性差异 ($P=0.001$)。继续进行 SNK 方差分析,结果发现分为两组,一组 ($P=0.16$) 和二组 ($P=0.098$),如下图 8-16 (b) 所示。可以看出,第二组区域的认知时间显著大于其他位置的认知时间。因此，重要目标信息建议不要放置在第二组3、8位置处。

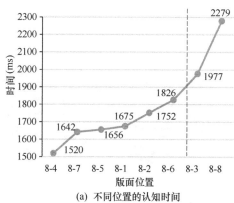 

图 8-16　8条信息出口标志
（一）——一组；（二）——二组

8）9条信息版面

将9条信息版面的不同路名位置分别命名为1~9，各位置视认时间如图8-17（a）所示。分析目标路名分别在9种位置的认知时间，结果显示整体呈显著性差异（$P=0.000$）。继续进行SNK方差分析，结果发现分为两组，一组（$P=0.879$）和二组（$P=0.079$），如图8-17（b）所示。可以看出，第二组区域的认知时间显著大于第一组位置的认知时间。因此，重要目标信息建议不要放置在第二组位置处。

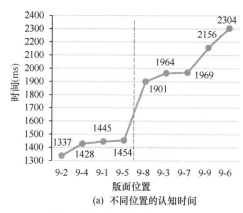 

图 8-17　9条信息出口标志
（一）——一组；（二）——二组

9）10条信息版面

将10条信息版面的不同路名位置分别命名为1~10，各位置视认时间如图8-18（a）所示。分析目标路名分别在10种位置的认知时间，结果显示整体呈显著性差异（$P=0.016$）。继续进行SNK方差分析，结果发现分为三组，一组（$P=0.436$）、二组（$P=0.94$）和三组，如图8-18（b）所示。可以看出，第二、三组区域的认知时间显著大于第一组位置的认知时间。因此，重要目标信息建议不要放置在第二、三组位置处。

10）11 条信息版面

将 11 条信息版面的不同路名位置分别命名为 1~11，各位置视认时间如图 8-19（a）所示。分析目标路名分别在 11 种位置的认知时间，结果显示整体呈显著性差异（$P=0.000$）。继续进行 SNK 方差分析，结果发现分为三组，一组（$P=0.138$）、二组（$P=0.072$）和三组（$P=0.17$），如图 8-19（b）所示。可以看出，第三组区域的认知时间显著大于第一、二组位置的认知时间。因此，重要目标信息建议放置在第一组位置处。

11）12 条信息版面

将 12 条信息版面的不同路名位置分别命名为 1~12，各位置视认时间如图 8-20（a）所示。分析目标路名分别在 12 种位置的认知时间，结果显示整体呈显著性差异（$P=0.002$）。继续进行 SNK 方差分析，结果发现分为三组，一组（$P=0.138$）、二组（$P=0.088$）和三组，如图 8-20（b）所示。第三组区域的认知时间显著

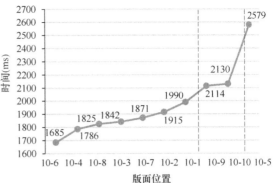

(a) 不同位置的认知时间

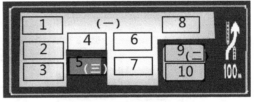

(b) 版面分区情况

图 8-18　10 条信息出口标志
（一）——一组；（二）——二组；（三）——三组

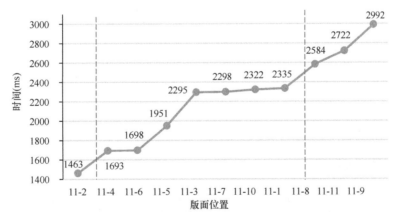

(a) 不同位置的认知时间

(b) 版面分区情况

图 8-19　11 条信息出口标志

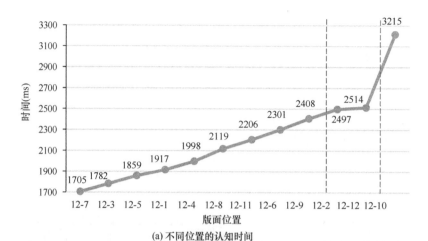

(a) 不同位置的认知时间

(b) 版面分区情况

图 8-20　12 条信息出口标志
(一)——一组；(二)——二组；(三)——三组

大于第一、二组位置的认知时间。故建议重要目标信息不要放置在第三组 10 位置处。

综上获得标志不同路名位置的认知时间分配情况，可以发现信息量越大版面各位置认知时间差异越大，尤其是版面下方信息视认耗时越长。此外，研究还发现，标志信息量为 6 条、9 条，下方区域认知时间并未明显增加，这可能与两种标志信息的整齐排列存在一定的关系。

### 8.4.2　视觉搜索顺序

借助 BeGaze 眼动仪数据分析平台，提取每种信息量出口标志的视认视频，逐帧分析视认视频。针对 2~12 信息量标志的版面视认顺序进行详细分析，提取被试在 11 种标志版面的视认轨迹。初始位置用三角符号表示，终点位置用方块表示，每种标志视觉搜索顺序如图 8-21 所示。可以发现，当信息量未超过 6 条时，视认轨迹清晰。当版面信息量在 7 条以上时无明显规律性。

为给出口标志信息选取提供实质性建议，研究统计 11 种出口标志的视认初始位置及终点位置如图 8-22 所示。可以看出，11 种出口标志的视认初始位置主要集中分布在标志左上方，终点位置主要分布在下方区域。结果显示，当目标信息放置标志版面左上方区域时，将有助于驾驶人快速获取，重要道路信息不宜放置标志版面下方区域。

第8章 城市快速路多信息出口标志效用评估及优化

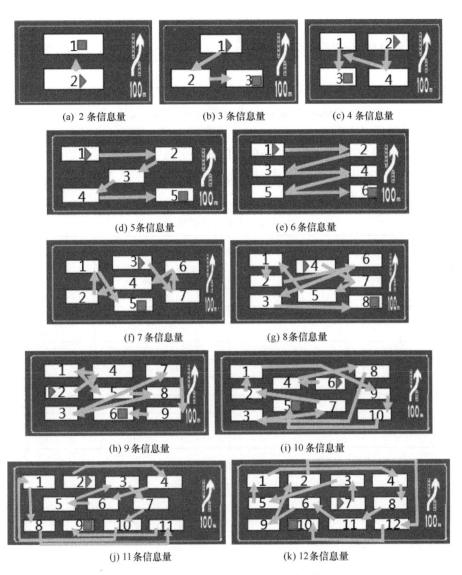

图 8-21 11 种出口标志视觉搜索顺序
注：三角符号代表初始位置，方块符号代表终点位置

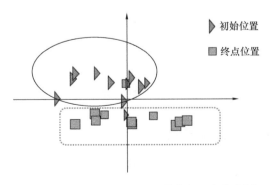

图 8-22 11 种出口标志视觉搜索起止点分布图

## 8.5 多信息出口标志认读模型

驾驶人对标志的认读时间于驾驶行为息息相关,一直是学者们的研究重点。为此,研究提取测试软件后台记录的认知时间,分类整理每种出口标志的视认时间。通过 K-S 检验确定实验数据服从正态分布（$P=0.55$）,并且样本量=信息量种类×被试人员人数,远远大于 10,符合拉依达准则的使用条件。因此,实验数据采用拉依达准则法进行预处理,剔除视认时间数据中的异常值,并计算每种图片所有被试人员认知时间及标准差,每种图片的认知时间如表 8-1 所示。

表 8-1  11 种出口标志的认知时间

| 信息量（条） | 是否矩阵 | 认知时间（ms） | 标准差 |
| --- | --- | --- | --- |
| 2 | 是 | 1083.97 | 379.027 |
| 3 | 否 | 1213.68 | 442.931 |
| 4 | 是 | 1302.37 | 498.916 |
| 5 | 否 | 1450.2 | 551.157 |
| 6 | 是 | 1508.62 | 613.406 |
| 7 | 否 | 1651.96 | 752.480 |
| 8 | 否 | 1813.45 | 803.810 |
| 9 | 是 | 1782.36 | 733.182 |
| 10 | 否 | 1975.07 | 856.558 |
| 11 | 否 | 2162.35 | 930.712 |
| 12 | 是 | 2130.09 | 920.675 |

对信息量与认知时间进行统计显著性分析,图 8-23 显示认知时间随着信息量的增大而增加,并存在显著性差异（$F=39.747$，$P<0.001$）。

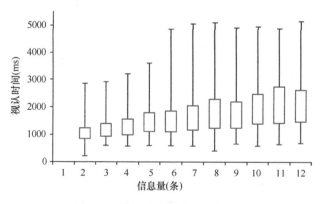

图 8-23  认知时间和信息量箱线图

### 8.5.1 信息量与认知时间的关系模型

基于回归分析获得出口标志信息量与认知时间的关系模型,如图 8-24 所示。

由图 8-24 可知,认知时间随着信息量的增大呈整体上升的趋势,对信息量和认知时间进行简单线性回归分析,得关系式（表 8-2）：

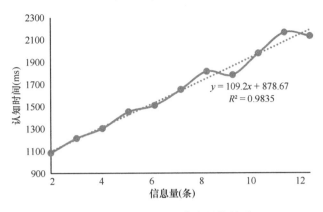

图 8-24 认知时间和信息量的关系

$$y = 109.2x + 878.67 \quad (|r| = 0.99167, R^2 = 0.9835) \quad (8\text{-}1)$$

式中　$y$——认知时间；

　　　$x$——信息量；

　　　$|r|$——相关系数绝对值；

　　　$R^2$——判定系数。

可以看到，$|r|$ 接近于 1，说明信息量与认知时间是高度正相关的，而 $R^2$ 接近于 1，说明回归模型拟合效果好。

线性回归分析结果　　　　　　　　　　　　　　　　　　　表 8-2

|  | df | SS | MS | F | Significance F |
| --- | --- | --- | --- | --- | --- |
| 回归分析 | 1 | 1311826 | 1311826 | 534.9825049 | 2.51015E-09 |
| 残差 | 9 | 22068.83 | 2452.092 |  |  |
| 总计 | 10 | 1333895 |  |  |  |

回归模型检验结果如表 8-3 所示。结果表明，该回归模型能够很好地表示信息量与视认时间的关系（$R^2 > 0.8$，$F = 534.8$，$P < 0.01$），两者具有明显的线性关系。然而，图 8-24 可以发现信息量≥8 时，视认时间波动较大，为深入揭示视认时间的变化规律，研究引入指路标志的信息排列方式这一影响因素。

线性回归统计分析 $R$ 值　　　　　　　　　　　　　　　表 8-3

| 回归统计 | |
| --- | --- |
| Multiple R | 0.991693 |
| $R^2$ | 0.983455 |
| Adjusted $R^2$ | 0.981617 |
| 标准误差 | 49.5186 |
| 观测值 | 11 |

## 8.5.2　信息排列方式与认知时间的关系模型

通过对比信息量为 2~12 的标志版面中信息的排版位置，信息量为 2、4、6、9、12

时，信息均按矩阵式排列；信息量为 3、5、7、8、10、11 时，信息并不按矩阵式排列，因此，将信息是否按矩阵式排列分开查看认知时间的变化趋势图，如图 8-25 所示。

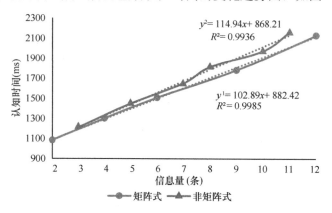

图 8-25 认知时间和信息排列方式间的关系

由图 8-25 可以看出，矩阵式比非矩阵式的斜率要低，也就是说，当信息按矩阵式排列时确实会有效降低认知标志的困难程度。

对此，对信息量、信息排版和认知时间的关系进行逐步回归分析研究，构建多重线性回归模型，得出关系式：

$$y = 876.783 + 113.917x_1 - 10.367x_1x_2, (|r| = 0.9981, \text{Adjusted } R^2 = 0.9954)$$
(8-2)

式中　　$y$——认知时间；

　　　　$x_1$——信息量；

　　　　$x_2$——排版位置（$x_2=0$：非矩阵式；$x_2=1$：矩阵式）；

　　　　$|r|$——相关系数绝对值；

Adjusted $R^2$——调整判定系数。

可以看到，$|r|$ 接近于 1，Adjusted $R^2$ 接近于 1，说明回归模型拟合效果好。

对所得的多重线性回归模型进行检验可知，回归模型的 F 检验（$F=1073.490837$，$P=0.00$，$a=0.05$）和回归系数的 $t$ 检验（$t_1=44.92$，$P_1=0.00$，$t_{12}=-5.25$，$P_{12}=0.0008$，$a=0.05$）相应的 $P$ 值都小于 0.01，具有显著性的线性关系。对比实际认知时间和预测认知时间，该线性回归模型已基本拟合。

### 8.5.3 信息排列方式、信息量与认知时间的关系模型

基于以上分析，对信息量、信息排版和视认时间三者间的关系进行逐步回归分析。对信息量及信息排列方式进行相关分析可得 $r=0.12$，为低度相关，故构建多重线性回归模型需考虑信息量与信息排列方式的交互效应，设定关系模型如下：

$$y = k_0 + k_1x_1 + k_2x_2 + k_3x_1x_2 + \varepsilon$$
(8-3)

可得：

$$y = 876.783 + 113.917x_1 - 10.367x_1x_2, (|r| = 0.9981, \text{Adjusted } R^2 = 0.9954)$$
(8-4)

式中　　$y$——视认时间；
　　　　$x_1$——信息量；
　　　　$x_2$——排版位置（$x_2=0$：非矩阵式；$x_2=1$：矩阵式）；
　　　　$|r|$——相关系数绝对值；
Adjusted $R^2$——调整判定系数。

拟合效果见图 8-26。

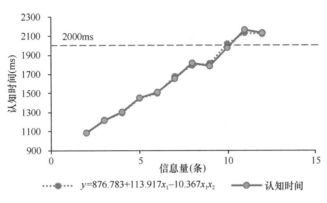

图 8-26　多重线性回归模型

模型检验结果如表 8-4、表 8-5 所示，表明该回归模型能够准确地拟合信息量、信息排版和视认时间的定量关系（Adjusted $R^2>0.8$，$F=1073.491$，$P<0.01$）。

对该模型进行整理可得：

$$y = \begin{cases} 876.783 + 113.917x_1, & (x_2=0\text{：非矩阵式}) \\ 876.783 + 103.55x_1, & (x_2=1\text{：矩阵式}) \end{cases} \quad (8-5)$$

从上式可以看出，矩阵式比非矩阵式的拟合曲线斜率要小，即当信息按矩阵式排列时可以有效降低标志的视认难度。

逐步回归分析结果　　　表 8-4

|  | d$f$ | SS | MS | F | Significance F |
|---|---|---|---|---|---|
| 回归分析 | 2 | 1328943.123 | 664471.6 | 1073.491 | 1.9E-10 |
| 残差 | 8 | 4951.856421 | 618.9821 |  |  |
| 总计 | 10 | 1333894.98 |  |  |  |

逐步回归统计分析 $R$ 值　　　表 8-5

| 回归统计 |  |
|---|---|
| Multiple $R$ | 0.998142 |
| $R^2$ | 0.996288 |
| Adjusted $R^2$ | 0.99536 |
| 标准误差 | 24.87935 |
| 观测值 | 11 |

根据国内外相关研究，设计速度为 80 km/h 的快速路，对指路标志的视认时间极限

是 2s。由此，可求得信息量的极限范围：

若信息量均以非矩阵式排列，则 $x_2=0$，$x_1 \leqslant 9$；

若信息量均以矩阵式排列，则 $x_2=0$，$x_1 \leqslant 10$。

即相同时间内，若信息以非矩阵式排列，可以增加信息量范围。也就是说，针对快速路高架路段指路标志的信息量的范围可以增加到 10 条，为其优化设置提供了依据。

综合以上主客观分析，得出以下结论：

（1）驾驶人对指路标志视认时间由标志信息量大小来决定，信息量与视认时间之间呈正相关关系；

（2）驾驶人对指路标志视认时间的长短也会受到信息布局方式的影响，当信息以矩阵形式排列时，可以有效降低标志的视认难度；

（3）信息布局方式的变化会引起信息量范围的变化，当信息以矩阵式排列时，可增大信息量的极限范围。

本章针对城市快速路高架路段出口多信息指路标志开展研究。开发互动测试程序，设计 11 种信息量的出口标志，并考虑目标路名位置全遍历，共设计 77 块不同信息量的指路标志。开展室内视认实验，获取驾驶人主观感受、视认特性及认知时间。结果表明，当目标信息放置标志版面左上方区域时将有助于驾驶人快速获取信息，重要道路信息不易放置标志版面下方区域。信息量与视认时间高度正相关，视认时间随着信息量的增加而增长；驾驶人对指路标志的视认时间受到版面信息排列方式的影响，信息以矩阵形式排列时，可以有效降低标志的视认难度；信息布局方式的变化会引起信息量范围的变化，当信息以矩阵式排列时，可增大信息量的极限范围。研究以驾驶人视认时间为优化目标，建立标志版面信息量与布局设计耦合关系模型，解答多信息标志优化布局问题，并为特殊条件下指路标志信息选取提供技术指导。

## 本章参考文献

[1] TÖRNROS, J., BOLLING, A. Mobile phone use-effects of conversation on mental workload and driving speed in rural and urban environments[J]. Transportation Research Part F: Traffic Psychology and Behaviour, 2006, 9(4): 298-306.

[2] ZAHABI M, MACHADO P, LAU M Y, et al. Driver performance and attention allocation in use of logo signs on freeway exit ramps[J]. Applied Ergonomics, 2017, 65: 70-80.

[3] BROOKHUIS K A, DE WAARD D. Monitoring drivers' mental workload in driving simulators using physiological measures[J]. Accident Analysis & Prevention, 2010, 42(3): 898-903.

[4] NABATILAN L B, AGHAZADEH F, NIMBARTE A D, et al. Effect of driving experience on visual behavior and driving performance under different driving conditions[J]. Cognition, Technology & Work, 2012, 14(4): 355-363.

[5] ENGSTRÖM J, JOHANSSON E, ÖSTLUND J. Effects of visual and cognitive load in real and simulated motorway driving[J]. Transportation Research Part F: Traffic Psychology and Behaviour, 2005, 8(2): 97-120.

[6] LIU Y C. A simulated study on the effects of information volume on traffic signs, viewing strategies and sign familiarity upon driver's visual search performance[J]. International Journal of Industrial Ergonomics, 2005, 35(12): 1147-1158.

[7] LYU N, XIE L, WU C, et al. Driver's cognitive workload and driving performance under traffic sign information exposure in complex environments: a case study of the highways in China[J]. International Journal of Environmental Research and Public Health, 2017, 14(2): 203.
[8] RAHMAN M M, STRAWDERMAN L, GARRISON T, et al. Work zone sign design for increased driver compliance and worker safety[J]. Accident Analysis & Prevention, 2017, 106: 67-75.
[9] SCHNELL T, YEKHSHATYAN L, DAIKER R. Effect of luminance and text size on information acquisition time from traffic signs[J]. Transportation Research Record: Journal of the Transportation Research Board, 2009 (2122): 52-62.

# 第9章 基于轨迹数据的典型城市快速路指路标志系统效用评估及优化

借助北京市开展城市快速路指路标志整治工作的契机,前期部分研究成果应用于实践整治中。研究借助自然驾驶实验平台与导航大数据平台,针对北京西二环、莲花池东西路两条典型城市快速路,实现城市快速路指路标志系统设置效用的实车测试与定量评估,并提出反馈优化建议,为后续工程应用及相关规范的完善提供研究依据。同时,提出标志定量化评估及优化一般性范式,以期加强研究成果与实际应用的对接,增强相关规范编制及工程应用的科学性、严谨性。

## 9.1 实车测试实验评估及优化

### 9.1.1 典型城市快速路指路标志系统实车测试实验

1)研究思路

研究针对标志整改后的北京西二环、莲花池东西路进行实测评估,采集12个立交桥指路标志系统影响下的主观感受、车辆运行、操控行为、视认特性等指标;基于综合评估方法,获取快速路标志系统不同设置方式的实际作用效果,明确两路段的标志设置效用薄弱环节,助力于快速路指路标志整改方法的完善以及后期工程应用推广。本节研究思路如图9-1所示。

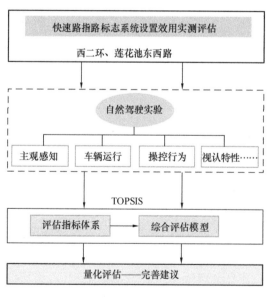

图9-1 研究思路

2)实验设计

(1)实验目的

基于大数据信息采集技术,开展西二环、莲花池东西路关键节点指路标志系统现场测试实验,获取被试人员对指路标志的主观认知、视认特性、运行状态、操控反应等数据,评估各个测试路段指路标志系统的设置效果。

(2)被试招募

实验招募24名驾驶人进行实车驾驶,获取其驾驶行为、视认特性等数据。并招募24名随车人员,实验过程中对指路标志系统各类标志进行随车评估。为避免驾驶经验缺乏而出现安全等问题,驾驶人从e代驾平台中筛选招募。同时为满足驾驶人不熟悉示范路段的条件要求,从居住区远离两示范路段的东边区域进行挑选。评估员从社会上招募。两类人员的基本要求见表9-1。

被试人员招募　　　　　　　　　　　　　　　　　　　　　　表9-1

| 被试人员1 | 招募条件 | 被试人员2 | 招募条件 |
|---|---|---|---|
| 司机 | • 24位代驾;<br>• 住东四环附近;<br>• 男女比例>5∶1;<br>• 不近视 | 评估员 | • 24人;<br>• 驾龄2年;<br>• 经常开车;<br>• 男女比例>5∶1 |

（3）测试路段

西二环为南北方向道路,全长9.7km,包含菜户营桥、复兴桥、西直门桥3个立交桥。莲花池东西路为东西方向道路,全长16.5km,包含北宫路出口、衙门口桥、南沙窝桥、莲花桥、天宁寺桥5个关键节点。实验测试中的8个重要节点位置如图9-2所示。

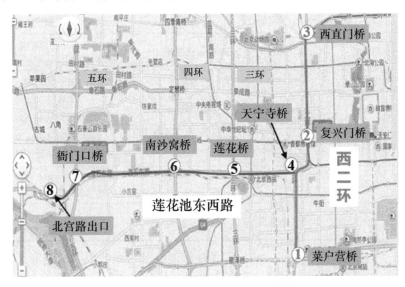

图9-2　两条示范路测试路段划分

（4）驾驶任务

为评估西二环各个关键节点的指路标志系统,给驾驶人分配多个驾驶任务,以使其在驾驶过程中通过使用各个标志系统寻找目的地。因此,此次评估将测试西二环两个方向的4个路段,各个路段的起点、终点及驾驶任务要求如表9-2所示。

西二环双向4测试路段驾驶任务要求　　　　　　　　　　　　表9-2

| 西二环测试路段 | 起点—终点 | 驾驶任务 |
|---|---|---|
| 1. 菜户营桥—复兴门桥 | 菜户营桥(丽泽桥方向)—复兴门桥<br>(复外大街) | • 去复兴门外大街<br>• 须从复兴门桥驶入该方向 |
| 2. 复兴门桥—西直门桥 | 复兴门桥(复外大街方向)—西直门桥<br>(积水潭地铁) | • 去新街口<br>• 须从西直门桥驶入该方向 |

续表

| 西二环测试路段 | 起点—终点 | 驾驶任务 |
|---|---|---|
| 3. 西直门桥—复兴门桥 | 西直门桥（积水潭地铁）—复兴门桥（复内大街方向） | • 去复兴门内大街<br>• 须从复兴门桥驶入该方向 |
| 4. 复兴门桥—菜户营桥 | 复兴门桥—菜户营桥（丽泽桥方向） | • 去丽泽桥方向<br>• 须从菜户营桥驶入该方向 |

同时，也将测试莲花池东西路中各个关键节点的指路标志系统，总共包含两个方向的8个路段，各个路段的起点、终点及驾驶任务要求如表9-3所示。

**莲花池东西路双向8测试路段驾驶任务要求** 表9-3

| 莲花池东西路 | 起点—终点 | 驾驶任务 |
|---|---|---|
| 1. 天宁寺桥—莲花桥 | 宣武门西大街—六里桥 | • 去西三环的六里桥<br>• 须从莲花桥驶入该方向 |
| 2. 莲花桥—南沙窝桥 | 六里桥—西四环的金沟河桥 | • 去西四环的金沟河桥<br>• 须从南沙窝桥驶入该方向 |
| 3. 南沙窝桥—衙门口桥 | 金沟河桥—西五环的G4京港澳高速 | • 去西五环的G4京港澳高速<br>• 须从衙门口桥驶入该方向 |
| 4. 衙门口桥—永定河西 | G4—西六环的北宫路 | • 去西六环的北宫路 |
| 5. 永定河西—衙门口桥 | 北宫路—西五环的阜石路 | • 去西五环的阜石路<br>• 须从衙门口桥驶入该方向 |
| 6. 衙门口桥—南沙窝桥 | 晋元桥—西四环的岳各庄北桥 | • 去西四环的岳各庄北桥<br>• 须从南沙窝桥驶入该方向 |
| 7. 南沙窝桥—莲花桥 | 岳各庄北桥—西三环的新兴桥 | • 去西三环的新兴桥<br>• 须从莲花桥驶入该方向 |
| 8. 莲花桥—天宁寺桥 | 新兴桥—西二环的复兴门桥 | • 去西二环的复兴门桥<br>• 须从天宁寺桥驶入该方向 |

西二环4个测试路段需驾驶24km，莲花池东西路放射线8个测试路段需驾驶80km，按照非拥堵时段正常速度，完成12个测试路段总耗时约3.5h。

（5）测试流程

交通拥堵已经成为大城市的普遍现象，研究及历史数据已经证明交通拥堵对交通运行具有显著影响。为获得指路标志系统对驾驶人的指引效用，测试需避开示范路段的拥堵时段，测试自由流状态下指路标志系统对驾驶人行为影响。为此，研究结合对历年北京市交通委员会发布的西二环、莲花池东西路历史交通指数的统计与分析，选择在夏季开展测试，测试的具体时段选择如表9-4所示。

**示范路段实地测试时间安排** 表9-4

| 道路 | 日期 | 实验时间段1 | 实验时间段2 |
|---|---|---|---|
| 西二环 | 工作日 | 4:30～6:00 | — |
| | 周末 | 4:30～8:00 | — |
| 莲花池/莲石路 | 工作日 | 4:30～6:30 | 11:00～13:30 |
| | 周末 | 4:30～8:00 | |

## 第9章 基于轨迹数据的典型城市快速路指路标志系统效用评估及优化

实验过程车辆需配备 OBD、行车记录仪，驾驶人需佩戴、眼动仪、皮电皮温仪。提取统一预约并安排驾驶人、评估员测试时间。测试当天具体实验流程简介如下：

（1）给车辆安装 OBD、记录仪，并配备眼动仪、皮电皮温测试仪，驶至测试路段起点。

（2）实验前驾驶人填写心生理信息表，佩戴并标定眼动仪。

（3）确保 OBD、记录仪、眼动仪、皮试仪器、测试软件开始工作，驾驶人准备就绪。

（4）宣读指导语，给驾驶人及评估员驾驶任务，被试重复目的地；被试人员记住目的地后，开始执行驾驶任务。

（5）工作人员检测、记录数据，并记录过程中突发事件。

（6）驶出目的匝道出口后，评估员填写问卷，提问驾驶人；不管驾驶人是否正确寻找到目的地，直接发布一个目的地任务。

（7）继续下一个驾驶任务，从步骤（2）开始。

（8）直至12测试路段任务结束，工作人员摘取实验仪器，驾驶人、评估员分别填写驾驶人主观问卷。

3）数据处理

（1）数据采集

整个实验耗时 38 天，24 名驾驶人及 24 名评估员均完成 12 个测试路段的评估。实验过程中，车辆安装及驾驶人佩戴设备如图 9-3 所示。

基于以上仪器设备，最终形成集主观认知、运行状态、操控行为、视认特性等为一体的自然驾驶数据库（表 9-5），为定量化、系统化、精细化评估各测试路段指路标志提供主要数据支撑。

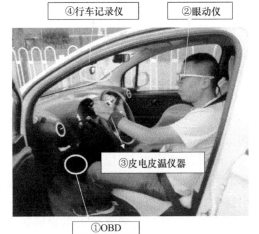

图 9-3 实地测试过程配备的设备

**自然驾驶实验数据库** 表 9-5

| 仪器 | 特点 | 数据获取 |
| --- | --- | --- |
| OBD | 1. 逐秒级计数频率<br>2. 数据自动记录并上传 | • 速度<br>• 时间<br>• 位置<br>…… |
| 眼动仪 | 1. 采样率：60Hz<br>2. 追踪分辨率：0.1deg<br>3. 双目追踪<br>4. 手机标定、记录 | • 视认点<br>• 视认轨迹<br>• 视认时间<br>…… |
| 皮电皮温仪器 | 1. 无线接收方式<br>2. 采样率：32Hz<br>3. 温度辨率：1$\mu s$<br>4. 温度辨率：0.1℃ | • 皮温<br>• 皮电<br>…… |

续表

| 仪器 | 特点 | 数据获取 |
|---|---|---|
| 行车记录仪 | 1. 自动记录、存储<br>2. 64G 内存<br>3. 连续记录 5h<br>4. 高清视频文件 | • 时间记录<br>• 行为记录 |

(2) 指标选取

研究优先提取驾驶人主观感知、运行状态及操控行为数据，搭建主客观相结合的评估指标体系，每类数据提取过程简介如下：

① 主观感知指标：为驾驶人对驾驶任务难易程度及标志指路效果的主观评价。驾驶人完成一个驾驶任务后，要求驾驶人对本次寻找目的地难易程度、指路标志指路效果进行评价。

② 运行状态指标：通过 OBD 进行采集，并借助行车记录仪确定 8 个重要节点的位置，从而确定 12 个路段的起始位置，通过 Google Earth 寻找 12 个实验路段起点坐标，并确定坐标经纬度浮动范围，其次通过 Matlab 软件编写、核实、纠正指标提取程序，最后提取速度、速度标准差、加速度、加速度标准差等指标。

③ 操控行为指标：通过 OBD 和行车记录仪采集并提取。为获得换车道行为指标，借助 Google Earth 软件提取。针对经纬度有偏差的路段（60.51%），采取另一种提取方法。借助记录仪视频观测，寻找换车道位置，对应记录周边环境，其次利用地图街景寻找对应环境，最后在地图中标记位置并测量出距离。最终获取驾驶人在每个测试路段的最后一次换车道距离，及目的出口 500m 以前的换车道次数。此外，实验过程中记录驾驶人驾驶任务出错、迟疑等操控行为数据，以期获取指路标志系统最终指路效果。

综上所述，选取反映驾驶人主观感知、运行状态与操控行为的 10 种典型评估指标，形成主客观相结合的评估指标体系，如图 9-4 所示。

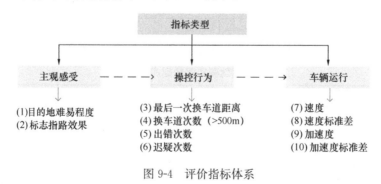

图 9-4 评价指标体系

## 9.1.2 指路标志系统设置效用评估

结合熵权赋值 TOPSIS 方法，采用以上 10 种评估指标，对各测试路段指路标志系统设置效用进行评估。最终获得西二环 4 个测试路段评估得分以及莲花池东西路 8 个测试路段评估得分。综合得分越接近于 1，表明方案综合评定越优，反之则越差。

1) 西二环

西二环上 4 个路段指路标志设置效用评估结果如图 9-6 所示。可以看出有 3 个路段评分效果低于平均值，设置效果相对不理想，即菜户营桥—复兴门桥、复兴门桥—西直门桥、西直门桥—复兴门桥。复兴门—菜户营桥路段指路标志设置效果最好（图 9-5）。

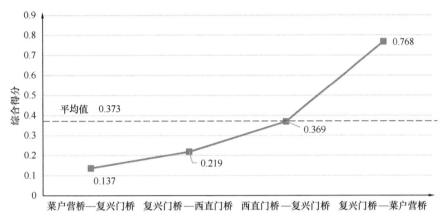

图 9-5 西二环 4 路段综合评估得分

为获得综合评估得分原因，统计驾驶人行驶 4 个测试路段时用到的与目的地相关的各类标志，统计结果如表 9-6 所示。

西二环标志设置　　　　表 9-6

| 西二环 4 个测试路段 | 立交桥预告标志 | 桥形标志 | 地点方向标志 | 出口预告标志 | 出口标志 | 标志总量 | 综合评估 |
|---|---|---|---|---|---|---|---|
| 1. 菜户营桥—复兴门桥 | 4 | 1 | 2 | — | 1 | 8 | 0.137 |
| 2. 复兴门桥—西直门桥 | 4 | 1 | 1 | — | 2 | 8 | 0.216 |
| 3. 西直门桥—复兴门桥 | 2 | 1 | 1 | 2 | 2 | 8 | 0.369 |
| 4. 复兴门桥—菜户营桥 | 2 | — | 1 | 2 | 1 | 6 | 0.768 |

（1）桥形标志复杂度的影响

从表 9-6 可以看出，4 个测试路段指路标志系统组成各不相同。其中前 3 个测试路段指路标志总数相同，预告标志、桥形标志均相同，主要是桥形标志图形不同，如图 9-6 所示。

图 9-6 前 3 个路段设置的桥形标志

结合桥形标志分类结果，如表 9-7 所示，研究发现以下结果：

① 测试路段 1 中的为中等复杂度桥形标志对应表 9-7 中 16 号图形，且含有 2 个匝道出口，为一带二形式，左转匝道形式复杂；

② 测试路段 2 中的桥形标志为低等复杂度桥形标志，对应表 9-7 中 28 号图形，含有 3 个匝道出口，为一带三形式，匝道形式简单；

③ 测试路段 3 中的桥形标志不在表 9-7 中的 37 种桥形标志之列，为新型桥形标志，每种图形含有 3 个匝道出口。

结合以上综合评估结果表明，实测评估效果与桥形标志分类结果一致，不同复杂度桥形标志对驾驶行为影响不同，中等复杂度桥形标志对驾驶人行为影响更差。

此外，测试路段 3 综合评分高于测试路段 1、2，结合该评估结果，推测该标志有可能为低等复杂度。然而，该结果仅为依据实测指路标志系统效用评估结果进行推测，下一步有待提取该桥形标志视认数据开展视认特性研究，进行视认特性与行为特性相结合对复杂度综合评估。

3 种桥形标志对应的复杂度类别　　　　表 9-7

| 编号 | 4 | 5 | 3 | 6 | 2 | 1 | 7 | 12 | 14 | 28 | 10 |
|---|---|---|---|---|---|---|---|---|---|---|---|
| 低等复杂度 | | | | | | | | | | | |
| 编号 | 11 | 24 | 8 | 31 | 33 | 34 | 15 | 22 | 30 | 19 | 13 | 18 | 9 | 16 | 27 |
| 中等复杂度 | | | | | | | | | | | | | | | |
| 编号 | 29 | 20 | 37 | 17 | 23 | 26 | 21 | 35 | 36 | 32 | 25 |
| 高等复杂度 | | | | | | | | | | | |

(2) 桥形标志简化设置的影响

测试路段 4 中未设置菜户营桥的桥形标志，而是进行桥形标志简化，简化为每个匝道方向的指引，且用门架式安装方式，如图 9-7 所示。在桥形标志简化方法效果评估后，结合专家建议及国外设计设置建议，该桥形标志简化方式为完善后的简化方法。从表 9-6 可以看出，该路段中针对驾驶人驾驶目的地直接相关的指路标志最少，但其综合评分最高。这与该路段针对菜户营桥的桥形标志简化存在很大关系。简化为每个匝道方向的指引后，各道路信息增大、方向信息清晰，驾驶人能够更迅速、更清晰地获取目的地去往方向及对应车道。结合以上综合评估结果，表相比低、中等复杂度桥形标志及新型桥形标志，桥形标志简化后对驾驶人影响最好。结合第 7.5 节桥形标志简化方法，表明针对桥形标志进行单匝道方向、单匝道信息、单标志版面的简化效果更好。

图 9-7　第四个路段设置的桥形标志

2) 莲花池东西路

莲花池东西路 8 个路段指路标志设置效用评估结果，如图 9-8 所示。其中有 4 个路段

# 第9章 基于轨迹数据的典型城市快速路指路标志系统效用评估及优化

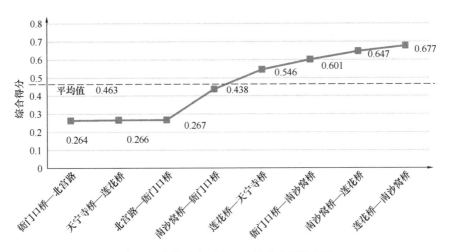

图 9-8 莲花池东西路 8 路段综合评估得分

指路标志综合得分低于平均值，评分效果相对不理想，即衙门口桥—北宫路、天宁寺桥—莲花桥、北宫路—衙门口桥、南沙窝桥—衙门口桥。

为获得综合评估得分原因，研究统计驾驶人行驶 8 个测试路段时用到的与目的地相关的各类标志，统计结果如表 9-8 所示。可以看出，整体上随着系统标志总量增加，综合得分增加。

**莲花池东西路标志设置** 表 9-8

| 莲花池东西路8个测试路段 | 地点距离标志 | 立交桥预告标志 | 桥形标志 | 地点方向标志 | 出口预告标志 | 出口标志 | 标志总量 | 综合得分 |
|---|---|---|---|---|---|---|---|---|
| 1. 衙门口桥—北宫路 | — | — | — | — | 3 | 1 | 4 | 0.264 |
| 2. 天宁寺桥—莲花桥 | 1 | 1 | 1 | 1 | — | 1 | 5 | 0.266 |
| 3. 北宫路—衙门口桥 | — | 3 | 2 | — | 1 | 1 | 7 | 0.267 |
| 4. 南沙窝桥—衙门口桥 | 1 | 2 | 2 | — | 1 | 1 | 7 | 0.438 |
| 5. 莲花桥—天宁寺桥 | 2 | 1 | 1 | 1 | — | 2 | 7 | 0.546 |
| 6. 衙门口桥—南沙窝桥 | 1 | 1 | 1 | — | 3 | 2 | 8 | 0.601 |
| 7. 南沙窝桥—莲花桥 | 3 | 1 | 1 | 1 | 0 | 1 | 7 | 0.647 |
| 8. 莲花桥—南沙窝桥 | — | 3 | 1 | 1 | 1 | 1 | 7 | 0.677 |

（1）桥形标志复杂度的影响

测试路段 1 为路段出口，无桥形标志。其他 7 个测试路段的桥形标志如图 9-9 所示。

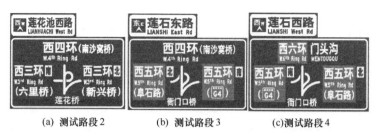

图 9-9 莲花池东西路 7 个测试路段桥形标志

以上 7 个测试路段的桥形标志均为低等复杂度桥形标志，如表 9-9 所示。测试路段 2、5、7、8 对应 12 号图形，路段 3、4 对应 7 号图形标志，路段 6 对应 10 号图形。结合评分结果，可以看出桥形标志并未在此评估中起主要作用。

7 种桥形标志对应的复杂度类别    表 9-9

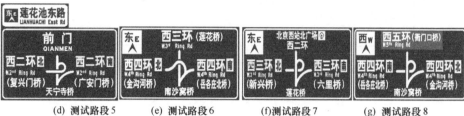

（2）预告标志的影响

测试路段 4（葡门口桥—北宫路）标志总量最少，综合评分最低。该路段含 3 个预告标志，设置方式与第 5 章中的日本规范相似，为短距离多次预告。如图 9-10 所示，第一

图 9-10 北宫路出口 3 级预告标志

个预告标志为立柱式设置于出口前 850m，第二个预告标志为悬挂式设置于出口前 700m，第三个预告标志为依附过街天桥而设在出口 180m。综合该路段评估得分，可以看出预告标志的安装方式及预告距离十分重要。立柱式、悬挂式预告方式不及门架式预告效果，且预告距离过近易使驾驶人难以连续视认而降低指路效果，短距离内多次预告效果不佳。

然而，测试路段 6（衙门口桥—南沙窝桥）标志总量最多，含有 1 个立交桥预告、3 个出口预告，如图 9-11 所示。其中前两个预告标志为门架式设置，300m、200m 出口预告标志为立柱式设置。整体上，该路段综合得分并未最多，可能与预告标志信息不连续、后两个预告标志为立柱式设置方式存在一定关系。同时，该路段测试结果同样表明，预告标志短距离内设置多次，指路效果并非最佳。

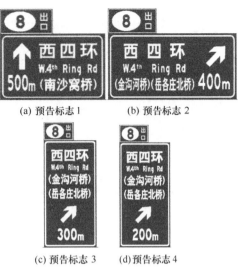

图 9-11　南沙窝桥 4 级预告标志

（3）出口标志的影响

测试路段 3、4 中均重复设置衙门口立交桥的桥形标志（图 9-12），然而综合排名仅在第 3、4 名。实际上，衙门口桥为复杂互通立交桥，主路有曲率，且目的匝道出口均位于有曲率的路段上，如图 9-13 所示。

(a) 测试路段3：北宫路—衙门口桥的两个桥形标志

(b) 测试路段4：南沙窝桥—衙门口桥的两个桥形标志

图 9-12　重复设置的桥形标志

图 9-13　衙门口桥复杂互通立交桥

此外，两测试路段的目的匝道出口处设置的出口标志如图 9-15 所示。结合驾驶人及评估员主观感受，发现目的匝道出口标志设置不合理，无法及时发现目的出口，而导致错过出口、急刹车等现象。图 9-14 可以看出，立交匝道与主路分隔的三角线过长，驾驶人需提前进入匝道出口。然而，出口标志均为立柱式设置，且离三角线顶端过远、版面过小，有的出

(a) 测试路段3的目的出口标志　　　　　(b) 测试路段4的目的出口标志

图 9-14　目的出口标志设置情况

口标志甚至放在匝道出口右侧，致使驾驶人难以视认出口标志，提前获取出口信息。

可以看出，针对复杂互通立交桥指路标志系统进行设置时，仅仅进行桥形标志的优化效果并不十分理想，应考虑复杂道路线性以及各类标志的合理设置，尤其是出口标志的合理性设置。

(4) 车流状态的影响

测试路段 2（天宁寺桥—莲花桥路段）与西二环相交，为前往北京城内、北京西站的重要通道。图 9-15 中可见平均车速异常低下，实验过程受车流影响较大（21.7%），故出现较差的评估结果。由于该节点受车流影响过大，导致评估结果不理想，且诱因与标志无直接联系，故以下将不再进行对该节点进行深入致因分析。

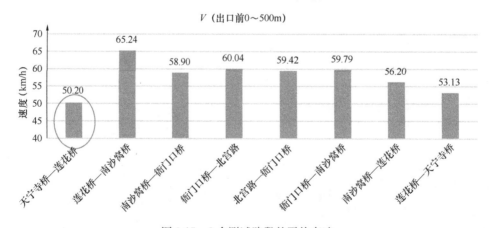

图 9-15　8 个测试路段的平均车速

以上为西二环、莲花池东西路中的 12 个路段指路标志系统的测试结果，以及研究从各类标志设置、道路线形、车流影响等几方面进行致因分析，以解答相对效果不佳的原因。事实上，整改后西二环、莲花池东西路 12 个测试路段的指路标志设置齐全，对于大部分节点的路段有较好的提升效果；部分节点的路段效果不佳，表明一般性的标志齐全化、规范化设计设置方法针对特殊路段应用效果不明显；标志指路效果与多种因素相关。为此，研究总结所获成果并提出以下建议，以期为后续相关规范及工程应用的完善提供理论依据。

① 实测评估效果与桥形标志分类结果一致，不同复杂度桥形标志对驾驶行为影响不同。相比低等复杂度桥形标志，中等复杂度桥形标志对驾驶人行为影响更差。对比桥形标志图形简化方式，针对桥形标志进行单匝道方向、单匝道信息、单标志版面的简化效果更好。

② 预告标志的立柱式、悬挂式设置不及门架式设置的预告效果，且短距离内多次预告效果不佳。此外，多级预告标志间的信息间断将为驾驶人带来不利影响，预告标志间的信息连续性十分重要。

③ 出口标志的设置位置不当、安装方式不好将直接影响驾驶人的驾驶行为。应结合实际道路条件，优化出口标志的设置，避免驾驶人行驶至出口分流线仍然看不清、找不到出口标志的危险现象。

④ 复杂互通立交桥应着重考虑主路曲率对驾驶人的影响，应加强指路标志的设计、设置。

实际道路中，影响快速路指路标志系统指路效果的因素是复杂的、是多因素的。仅进行某类标志的优化是不足的，应合理、优化设置每类标志，并注重整个指路标志系统间的连续性、清晰性。此外，还应考虑复杂道路线性，进行指路标志强化设计，以满足驾驶人行驶过程中的视认需求。

## 9.2 导航大数据评估及优化

### 9.2.1 基础数据库搭建

以北京市西二环和莲花池东西路范围内的 7 座立交桥作为研究对象，选择不同方向 22 个典型立交出口路段开展分析。有研究指出立交出口前 500m 是影响驾驶人运行的关键区域。因此，截取距离每个立交出口标志位置（设置于城市快速路出口三角带分流点端头）前 500 m 路段区域作为分析范围。该区域交通环境复杂，每个出口的平均高德用户量 1200 辆/h。图 9-16 为研究路段快速路节点和与研究范围示例图。

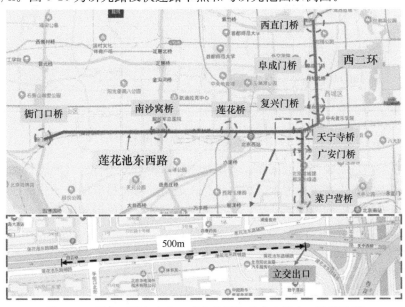

图 9-16　研究区域立交出口选取范围与天宁寺桥出口路段示例

本节所选数据源于高德导航软件，数据采集时间为 2019 年 6 月 1 日～6 月 30 日，数据类型包括地图数据、拥堵状态数据、环境数据和驾驶行为数据。此外，结合实地调查获得交通控制设施设置参数与立交出口道路属性数据，以此构建支撑立交出口路段安全分析的综合数据库，如表 9-10 所示。

数据库内容与描述　　　　　　　　　表 9-10

| 类别 | 指标 | 数据类型与描述 |
|---|---|---|
| 立交桥属性 | 立交桥名称 | 图 9-17 |
| | 立交桥出口路段方向 | 东向、西向、南向、北向 |
| 运行时段 | 日期 | 2019.6.$k$, $k$=1, 2, …, 30 |
| | 时段(h) | 时间区间 $i$—$i$+1, $i$=0, 1, 2, …, 23 |
| 驾驶行为 | 激进行为事件 (次/vr/h) | $FE_{ijk} = \frac{sum(event_{ijk})}{up_{ijk}}$，式中：$FE_{ijk}$ 为 2019 年 6 月 $k$ 日 $i$ 时 $j$ 道路上发生驾驶行为事件频次；$event_{ijk}$ 为驾驶行为事件；$up_{ijk}$ 为高德用户数量。其中事件类型包括：急加速、急减速、急左并道、急右并道、急左转、急右转 6 种激进驾驶行为 |
| | 激进行为事件坐标 | 经纬度 |
| 交通秩序指数 (TOI) | 安全风险水平 | 优、良、差 |
| 拥堵状态 | 速度变异系数 | $CSV_{ijk} = \frac{\sigma_{vijk}}{\overline{v_{ijk}}}$ 式中：$\sigma_{vijk}$ 为速度标准差；$\overline{v_{ijk}}$ 为平均速度 |
| | 拥堵指数 | $CI = \frac{道路自由流速度}{道路平均速度}$ |
| 交通控制设施 | 预告出口标志数量 | 一级预告标志、二级预告标志、三级预告标志、四级预告标志、五级预告标志 |
| | 桥形标志复杂度 | 无桥形标志、低等复杂度、中等复杂度 |
| 道路属性 | 车道数量 | 3 车道、4 车道、5 车道 |
| | 合流数 | — |
| | 分流数 | — |
| | 相邻出口间距(km) | — |
| 环境数据 | 天气 | 晴、多云、阴、小雨 |

## 9.2.2 基于结构方程模型的指路标志安全效用评估

基于搭建的激进驾驶行为数据库，考虑指路标志、道路条件、时间属性和天气条件 4 类外部影响因素，首先基于单因素分析的思路，通过非参数检验的统计分析方法，开展指路标志对交通安全风险的影响性分析。之后考虑交通安全风险的致因分析，基于结构方程模型开展指路标志的影响致因挖掘。

1) 交通安全风险等级划分

（1）交通秩序指数（TOI）

Yao 等人发现交通秩序差的道路发生交通事故的概率较高，由此提出交通秩序指数（Traffic Order Index，TOI）以评价城市道路的交通有序度。交通秩序指数是根据当前道路发生的激进驾驶行为事件与速度波动情况提出的描述道路混乱程度的指数,从而推断道路的潜在风险。作为交通安全风险的替代指标,交通秩序指数强调的是风险,而不是事故后果。已有研究将秩序分析方法应用于交叉口安全评价,并证明了其方法切实可行。

交通秩序指数采用 TOPSIS 与均方差加权法集成,文献介绍了 TOI 的详细计算方法。简言之,车速变化越小且发生激进驾驶行为(急加速、急减速、急左并道、急右并道、急左转和急右转)越少,TOI 越大,道路安全性综合水平越高。TOI 简要计算方法如下:

$$w_k = \frac{\sigma_k}{\sigma_{db} + \sigma_{CSV}} \tag{9-1}$$

$$TOI_i = w_{db} \cdot S_{dbi} + w_{CSV} \cdot S_{CSVi} \tag{9-2}$$

式中　$\sigma_k$——$k$ 指标的标准差,$k=db$ 或 $csv$,$db$ 表示激进驾驶行为;

　　　$S_{dbi}$——驾驶行为得分,为所有激进驾驶行为的加权求和结果;

　　　$S_{CSVi}$——CSV 得分,表示路段内车速的离散情况。

(2)交通安全风险等级

利用 K-Means 聚类方法对评价指标 TOI 进行分类,聚类结果如表 9-11 所示。通过聚类效果对比分析,确定将 TOI 划分三个等级,分别为秩序度优、良和差。

评价指标 TOI 的 K-Means 聚类结果　　表 9-11

| 等级序号 | 描述 | 区间下限(包含) | 区间上限(不包含) | 聚类中心 | 样本数 |
| --- | --- | --- | --- | --- | --- |
| 1 | 优 | 0.705150 | 1 | 0.818533 | 15481 |
| 2 | 良 | 0.422265 | 0.705150 | 0.592017 | 7591 |
| 3 | 差 | 0 | 0.422265 | 0.252961 | 3568 |

2)指路标志安全风险致因模型搭建

潜变量指路标志包括观测变量预告次数和桥形标志复杂度;潜变量时间包括观测变量高峰和工作日;潜变量道路条件主要包括观测变量基本路段车道数、合流数、出口间距、限速、交织区长度、交织区车道数;另外模型因变量为交通秩序指数(TOI),变量如表9-12 所示。建立如图 9-17 所示的安全风险致因分析模型。

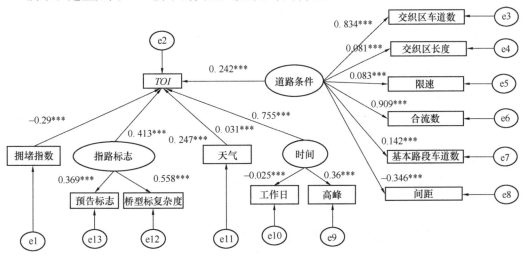

图 9-17　安全风险致因分析模型

注:***为方差分析结果呈现边缘性显著差异,即 $P<0.01$。

表 9-12 显示了该 SEM 的模型适用性。其中卡方自由度比值（CMIN/DF）、拟合优度指数（GFI）、调整拟合优度指数（AGFI）、标准拟合指数（NFI）、比较拟合指数（CFI）、均方根误差（RMSEA）和简约标准拟合指数（PNFI）进行检验。模型拟合标准包括三个部分。首先，CMIN/DF 值小于 5，说明该模型与数据拟合良好。其次，RMSEA 小于 0.08。最后，其他拟合指数 GFI、AGFI、NFI、CFI 均大于 0.9，表明模型具有可接受的拟合度。所有指标均符合标准，表明修正后的 SEM 模型与观测数据吻合良好。

模型拟合　　　　　　　　　　　表 9-12

| 指标 | CMIN/DF | GFI | AGFI | NFI | CFI | RMSEA |
|---|---|---|---|---|---|---|
| 实际值 | 4.137 | 0.999 | 0.998 | 0.998 | 0.999 | 0.011 |
| 标准值 | <5 | >0.9 | >0.9 | >0.9 | >0.9 | <0.08 |
| 可接受 | 是 | | | | | |

3）指路标志安全风险致因分析

通过分析潜变量和观测变量间的路径系数，可得观测变量与潜变量之间的影响关系。

从路径系数估计结果来看，各变量之间存在显著的因果关系。因果关系的程度由路径系数绝对值的大小决定。如图 9-18 所示，指路标志、道路条件、时间、拥堵指数和天气状况 4 类变量对交通安全风险具有显著性影响（$P<0.05$）。其中，潜变量时间对交通安全风险的影响程度最大（$\beta=0.755$），其次是指路标志（$\beta=0.413$），然后是拥堵指数（$\beta=-0.29$），道路条件（$\beta=0.242$）最小的是天气状况（$\beta=0.031$）。其中，拥堵指数与 TOI 之间的路径系数为负数，即拥堵指数越大，TOI 越小，进一步证明了交通拥堵越严重，交通安全风险越大。

根据各潜变量与观测变量的路径系数深入分析，可以得出各类变量中影响程度较大的观测变量。由潜变量指路标志和观测变量间路径系数可看出，观测变量桥形标志复杂度的影响（$\beta=0.558$）大于预告标志（$\beta=0.369$）。说明在指路标志的安全性优化时应侧重于合理设置桥形标志复杂度。此外，从道路条件和观测变量间的路径系数可知，出口间路段的合流区数量对交通安全风险的影响最大（$\beta=0.909$），其次是交织区内车道数（$\beta=0.834$）。之后各个影响因素由大到小排序依次为出口间距（$\beta=-0.346$）、基本路段车道数（$\beta=0.142$）、限速（$\beta=0.083$），交织区长度（$\beta=0.081$）影响较小。

综上所述，为降低城市快速路安全风险，首先需考虑关注时间层面的安全管理，重点关注早晚高峰时段。其次在指路标志的安全性优化过程中，需要合理设置桥形标志复杂度，建议设置中等复杂度桥形标志。由于研究选取的路段无高等复杂度类型，因此高复杂度的桥形标志仍有待进一步研究。在城市道路规划设计中，应注重考虑交织区的影响，尽可能增加城市快速路出口之间的距离，避免在短距离内形成多个交织区，引发过多交通冲突。同时，在条件允许的情况下，应尽可能增加车道数，特别是交织区的车道数，进一步提高道路安全性。此外，缓解交通拥堵也是改善道路安全性的重要措施。

### 9.2.3　基于可解释机器学习的指路标志影响研究

本节针对快速路立交出口区域安全性问题开展研究。基于导航数据和实地调查数据，引入交通秩序指数作为替代指标评估立交出口风险水平，使用强大极限梯度提升树"XGBoost"

算法建立立交出口路段风险预测模型,并利用可解释性机器学习框架 SHAP 解析道路安全性的深层影响关系,挖掘道路属性、交通控制设施、交通运行状态对立交出口安全性的耦合影响。

1)研究思路

基于快速路立交出口区域安全分析数据库,采用机器学习 XGBoost 算法,考虑道路属性、交通设施、运行状态、运行时段、外部环境等多种要素,构建城市快速路立交出口路段的风险预测模型。此外,采用可解释机器学习 SHAP 应用于训练后的 XGBoost 模型,解析特征变量对安全秩序预测值的综合影响作用,以实现立交出口实时动态风险辨识与问题诊断。研究结构如图 9-18 所示。

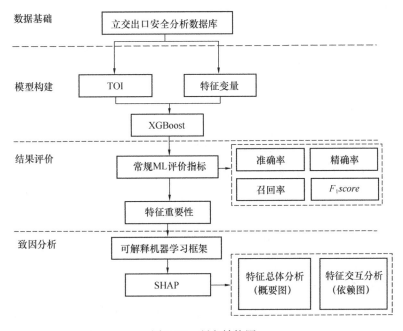

图 9-18 研究结构图

2)风险预测模型与可解释机器学习框架

(1) XGBoost

极限梯度提升(eXtreme Gradient Boosting,XGBoost)算法是陈天奇提出的一种人工智能集成机器学习算法,具有并行速度快、复杂度可控、容错性强、泛化能力强等优点。基本原理是由多个精度较低的决策树模型迭代合成高精度的强学习器,运用二阶泰勒展开式,在损失函数里加入正则项,控制模型复杂度并防止模型过拟合。

XGBoost 算法的目标函数为:

$$Ob_j = \sum_{i=1}^{n} l(y_i, \hat{y}_i) + \sum_{t=1}^{t} \Omega(f_t) \tag{9-3}$$

式中 $Ob_j$——目标函数;

$l(y_i, \hat{y}_i)$——选定的训练损失函数;

$y_i$——第 $i$ 个样本的真实值;

$\hat{y}_i$——第 $i$ 个样本的估计值;

$\Omega(f_t)$——树模型的复杂性函数;

$t$——树的棵数。

$\Omega(f_t)$取决于树中的叶子节点和叶节点的值,其计算公式如下。

$$\Omega(f_t) = \gamma T + \frac{1}{2}\lambda \sum_{j=1}^{T}\omega_j^2 \tag{9-4}$$

式中　$\gamma$——复杂度参数;

　　　$T$——叶节点数;

　　　$\lambda$——正则项惩罚系数;

　　　$\omega_j$——第$j$个叶子节点上的权值。

接着,定义一个近似的目标函数,利用二阶泰勒展开来表示目标函数$Obj'$如下:

$$Obj' = \sum_{i=1}^{n}l\left[(y_i,\hat{y}_i^{(t-1)}) + g_if_k(x_i) + \frac{1}{2}h_if_t^2(x_i)\right] + \Omega(f_k) + C \tag{9-5}$$

$$G_j = \sum_{i \in I_j}g_j, \quad H_j = \sum_{i \in I_j}h_j \tag{9-6}$$

式中　$g_i$、$h_i$——$t$阶和$t+1$阶下输出的损失梯度;

　　　$G_j$、$H_j$——$t$阶和$t+1$阶导数之和。

$$Obj^{(t)} = \sum_{j=1}^{T}\left[G_j\omega_j + \frac{1}{2}(H_j+\lambda)\omega_j^2\right] + \gamma T \tag{9-7}$$

接着,对$\omega_j$求导并令导数为0,得到$\omega_j^*$,并代入目标函数,求得最优解。

$$\omega_j^* = -\frac{G_j}{H_j+\lambda} \tag{9-8}$$

$$Obj = -\frac{1}{2}\frac{G_j}{H_j+\lambda} + \gamma T \tag{9-9}$$

(2) SHAP可解释机器学习框架

可解释性机器学习(Interpretable Machine Learning)是指使机器学习系统的行为和预测对人类可理解的算法或模型。Lundberg和Lee等人开发了一种事后解释机器学习方法的统一框架:SHapley Additive exPlanation (SHAP)。对于每个测试样本,模型生成一个预测值,并提供一个可解释的预测。其主要思想是计算添加到模型中的特征的边际贡献,即SHAP值,等价于特征对样本的影响。在合作博弈理论中,SHAP值可以计算如下:

$$\Phi_i = \sum_{S \subseteq N\{i\}}\frac{|S|!(n-|S|-1)!}{n!}[v(S \cup \{i\}) - v(S)] \tag{9-10}$$

式中　$\Phi_i$——每个特征$i$的贡献;

　　　$v(S)$——模型输出;

　　　$n$——所有输入特征的集合;

　　　$S$——除去第$i$个特征$g$后从$n$中得到的所有特征子集。

基于加性特征属性方法,定义线性函数$g$:

$$g(Z) = \Phi_0 + \sum_{i=1}^{M}\Phi_iZ_i \tag{9-11}$$

式中　$Z$——解释模型;

　　　$M$——输入特征的数量。

(3) 模型构建

根据图 9-20 构建 XGBoost 安全风险预测模型。如图 9-19 所示,快速路立交出口风险预测模型构建流程包括特征变量选择、参数调优和模型评价。

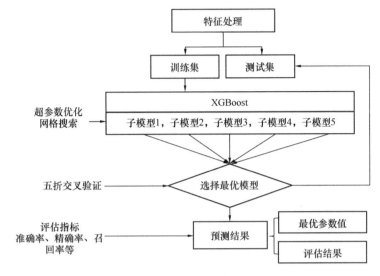

图 9-19 模型构建流程

① 变量选择与参数调优

如表 9-13 所示,选取预告标志数量、拥堵指数、车道数等 9 个特征变量作为 XGBoost 模型的自变量。对特征变量的非参数检验结果显示,所选特征均对立交出口安全秩序水平产生显著性影响($P<0.001$)。基于随机分布原则,研究将数据集按照 8∶2 的比例随机分为训练集与测试集,训练集用于拟合预测模型,测试集用于评价模型性能。

特征变量描述　　表 9-13

| 影响因素 | | 特征变量 | 变量类型 | 定义 | |
|---|---|---|---|---|---|
| 立交出口路段安全风险 | $Y$ | 交通秩序指数 | 分类 | 优 | 0 |
| | | | | 良 | 1 |
| | | | | 差 | 2 |
| 交通控制设施 | $x_1$ | 预告标志数量 | 分类 | 1个 | 1 |
| | | | | 2个 | 2 |
| | | | | 3个 | 3 |
| | | | | 4个 | 4 |
| | | | | 5个 | 5 |
| | $x_2$ | 桥形标志复杂度 | 分类 | 无桥形标志 | 0 |
| | | | | 低等复杂度 | 1 |
| | | | | 中等复杂度 | 2 |
| | | | | 高等复杂度 | 3 |
| 运行状态 | $x_3$ | 拥堵指数 | 连续 | — | — |

续表

| 影响因素 | 特征变量 | | 变量类型 | 定义 | |
|---|---|---|---|---|---|
| 道路属性 | $x_4$ | 车道数 | 分类 | 3车道 | 3 |
| | | | | 4车道 | 4 |
| | | | | 5车道 | 5 |
| | $x_5$ | 合流数 | 连续 | — | — |
| | $x_6$ | 分流数 | 连续 | — | — |
| | $x_7$ | 出口间距类型 | 分类 | 大间距路段 | 1 |
| | | | | 中间距路段 | 2 |
| | | | | 小间距路段 | 3 |
| 外部条件 | $x_8$ | 天气 | 分类 | 晴 | 1 |
| | | | | 晴＋多云/阴 | 2 |
| | | | | 多云/阴＋小雨 | 3 |
| | | | | 小雨 | 4 |
| | $x_9$ | 高峰/平峰 | 分类 | 平峰 | 0 |
| | | | | 高峰 | 1 |

参数调优的目的是有效控制模型复杂度并防止过拟合，从而提升模型性能。研究采用网格搜索与五折交叉验证方法构建最优预测模型。五折交叉验证将训练数据随机分成5份，每次训练以4个子样本训练和1个子样本验证的形式进行。在建模过程中，经过多次测试调参，当模型参数为 $learning\_rate=0.1$、$max\,depth=6$、$n\_estimators=80$、$min\_child\_weight=3$、$gamma=0.1$、$subsample=0.5$ 时达到最优结果。根据最终参数，基于 XGBoost 建立城市快速路立交出口风险最优预测模型。

② 模型预测精度评价

为了评估预测模型的性能，选取混淆矩阵可视化模型预测结果，并计算准确率（Accuracy）、精确率（Precision）、召回率（Recall）和 $F_1 score$ 作为预测结果的评价指标。对于多分类预测，根据各类别所占数据集的比例计算各类别中每个评价指标的加权平均值。评价指标的相关定义如下：

$$Accuracy = \frac{TP+TN}{TP+TN+FN+FP} \quad (9\text{-}12)$$

$$Precision = \frac{TP}{TP+FP} \quad (9\text{-}13)$$

$$Recall = \frac{TP}{TP+FN} \quad (9\text{-}14)$$

$$F_1 score = \frac{2 \times precision \times recall}{precision + recall} \quad (9\text{-}15)$$

式中　$FP$——实际为负但被预测为正的样本数量；
　　　$TN$——实际为负被预测为负的样本的数量；
　　　$TP$——实际为正被预测为正的样本数量；
　　　$FN$——实际为正但被预测为负的样本的数量。

## 第9章 基于轨迹数据的典型城市快速路指路标志系统效用评估及优化

3) 模型结果分析

(1) 预测精度结果评价

XGBoost 模型的风险预测混淆矩阵 (confusion martix) 如图 9-20 所示。通过混淆矩阵进一步计算评价指标可得：准确率 94.44%，精确率 94.69%，召回率 93.26%，$F_1 score$ 94%。模型评价结果表明基于 XGBoost 算法的城市快速路立交出口区域的道路风险具有精准预测能力。

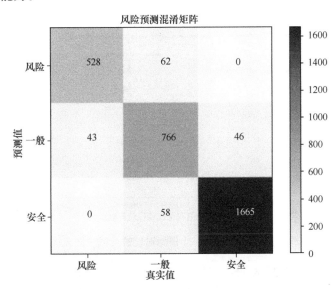

图 9-20 立交出口风险预测模型混淆矩阵图

(2) 特征影响程度分析

根据 Xgboost 算法中默认 gain 指数评估特征重要性，可得特征重要度排名（图 9-21）。特征在决策树中越关键，特征重要性得分越高。基于图 9-21，各特征变量的重要程度排序为拥堵指数＞预告标志数量＞天气＞合流数＞时段＞车道数＞分流数＞桥形标志复杂度＞出口间距类型。其中拥堵指数对模型预测的影响最大，是建立快速路立交出口路段风险预测模型的重要指标。

(3) 预测结果致因分析

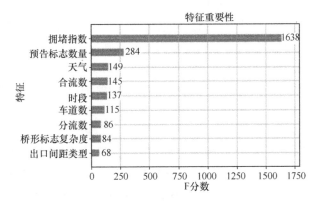

图 9-21 基于 XGBoost 算法得出的变量重要性评价

为进一步探究快速路立交出口路段风险致因机理，采用可解释机器学习 SHAP 算法挖掘各类特征对模型预测值的影响。SHAP 算法提供了局部可解释性，对于解释单特征或双特征交互作用对交通安全秩序影响分析具有明显优势。图 9-22 为 SHAP 概要图，颜色由浅到深表示特征值由低到高，横坐标 SHAP 值用以衡量特征对模型预测值的贡献程度和影响作用。SHAP 值为正表明该特征值有助于提高安全秩序水平预测值，交通秩序较好。反之，SHAP 值为负表示特征值使得安全秩序水平预测值降低，有反向作用。

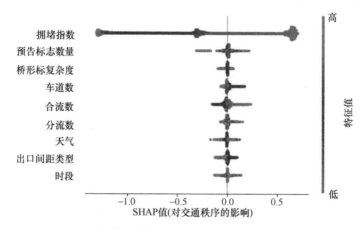

图 9-22 各特征对 XGBoost 模型输出的贡献（见文后彩图）

图 9-22 所示的研究结果表明，SHAP 值随着拥堵指数的增加而降低。拥堵程度越高，安全秩序水平越低。交通拥堵易使驾驶人频繁产生激进驾驶行为（如急加速、急减速和急转弯等），继而导致交通秩序的混乱和高风险的产生；针对交通控制设施因素，预告标志设置数量在影响道路风险概率方面显示了其不确定性，过多的预告标志数量可能会造成信息过载。此外，设有低等复杂度、中等复杂度桥形标志的快速路立交出口比无桥形标志的立交出口更安全有序，且相比于低等复杂度的桥形标志，中等复杂度桥形标志对提高道路秩序水平的影响更大；对于道路属性和外部环境因素，图 9-22 可见四车道的立交出口路段更加有序；相邻出口距离为中间距的立交出口路段相比小间距和大间距的交通秩序更高；较少的分流合流数以及晴朗的天气均对道路安全有积极影响；而交通高峰与平峰时段难以直接表征对立交出口安全秩序水平的影响。

值得探究的是，交通秩序是多维因素影响下的综合行为表现，仅关注单一特征无法全面解析道路安全有序性的致因结果，因此有必要进一步探究多因素作用下对安全秩序的影响。由于交互特征组合较多，拥堵指数是影响模型预测最重要的特征，研究重点分析拥堵指数与预告标志数量作为研究范例。为了揭示两特征的交互作用，SHAP 依赖图（Partial Dependence Plot，PDP）提供了特征变量对 TOI 预测值的边际效应，横坐标拥堵指数值垂直方向上的色散表示与另一特征的交互作用。图 9-23 为两种特征组合和 TOI 预测值的详细关系。

同理，图 9-23 显示了拥堵指数和预告标志数量交互作用下对安全秩序水平的影响。图 9-23（b）、（c）、（d）分别是图 9-23（a）提取出的结果。如图 9-23（b）、（c）所示，拥堵指数小于 1.6 时，设有 3 个或 4 个预告标志指引的立交出口道路会更有序安全。Huang 等人研究得出，设有 3 级预告标志指示的出口道路可以有效引导驾驶人产生更为合理的变

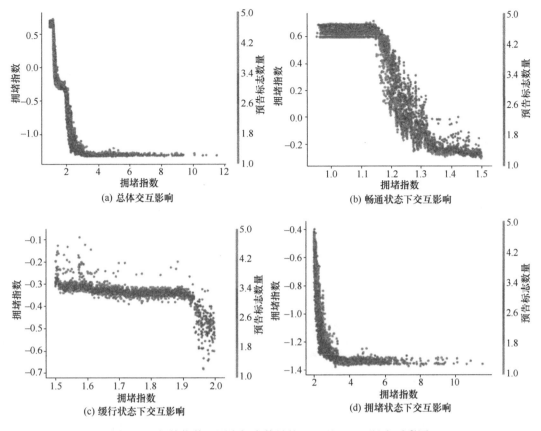

图 9-23 拥堵指数和预告标志数量的 SHAP PDP（见文后彩图）

道行为，从而减少激进驾驶行为事件的发生。由图 9-23（c）、(d) 可见，当拥堵变得更为严重时，车流甚至趋于停滞，预告标志数量与拥堵指数对安全秩序的交互影响不再显著。实际上，在严重拥堵的车流中，驾驶人行为则更易受到其交通流和周边环境的影响，而交通标志作为一种静态交通控制设施，在停滞的交通流中很少被驾驶人持续的关注。

总之，从以上两种分析可见，可解释机器学习 SHAP 算法通过具有可视化的概要图与依赖图表达了各类特征值与 TOI 预测值的影响关系，在深度挖掘道路安全风险致因机理方面有其独特特点。研究突破了传统事故分析无法覆盖全道路风险识别的瓶颈，采用事故替代指标交通秩序指数精细化表达立交出口全时空域的安全秩序水平。同时机器学习模型与可解释框架的结合，能可视化描述不同影响因素下与模型预测的关联关系，充分挖掘立交出口区域潜在风险产生机理，为立交出口区域道路设计、交通设施优化以及靶向治理与精准施策提供依据。

## 9.3 指路标志定量化效用评估及优化一般性范式

为加强理论研究与实际应用相结合，研究一改经验式主观效用评估优化方式，综合基于模拟驾驶技术实现面向设计的应用前评估和基于自然驾驶实验与导航大数据的面向实施的应用后评估，形成以"驾驶人为核心"的定量化反馈优化一般性方法，助力于形成集交通安全设施设计、评估、优化、规范、应用于一体的一般性范式。综合以上研究过程及成果，研究构建"理论＋应用"城市快速路指路标志系统定量化效用评估及优化一般性范式，以支撑与指导指路标志及其他交通安全设施规范的修订、优化及工程应用，如图9-24所示。

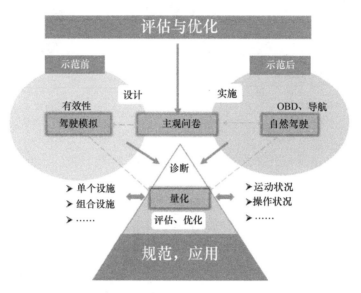

图 9-24 "理论＋应用"快速路指路标志定量化效用评估
及优化一般性范式

该范式旨在解决单个或多个指路标志或其他交通安全设施的效用提升问题。首先，指路标志整治前借助驾驶模拟进行量化影响分析与有效性验证，进而提出多种优化设计方案。其次，采用主观问卷与驾驶模拟相结合的方法，进行交通安全设施问题诊断与优化设计方案评价，以获取最优设计设置方法。最后，进行优化设计方案的实施应用，并借助主观问卷、自然驾驶技术开展实施后评估，采集驾驶人实测影响数据，实现优化方案实际应用效果的量化评估，进而提出优化方案完善建议。

整体上，该范式具有以下特点：

（1）打破以往针对指路标志经验式主观评估、静态实验评估等单一评价手段，采用"模拟驾驶＋自然驾驶"研究方法；面向单一标志、组合标志开展测试，形成"高精度＋细粒度""主＋客观"全面化数据库。

（2）综合"大数据分析＋统计分析＋建模"多种数据分析方法，搭建多样化指标体系，有效避免单个分析方法、分析指标的结果偏差性，系统化、多方位剖析标志示范前后存在问题、影响规律，实现精细化"影响＋评估＋优化"研究。

（3）以往传统标志效用测试主要采用先应用后评估优化的方法，存在成本高、周期长、数据不全面、后期改善不易推进等缺陷。研究基于模拟驾驶技术实现面向设计的应用前评估，基于自然驾驶实验实现面向实施的应用后评估，最终形成"理论＋应用"的城市快速路指路标志综合效用评估及优化的研究模式。

"理论＋应用"效用评估及优化一般性范式的提出，极大地推动了科学研究成果与规范编制及工程应用的对接，避免科学研究成果与实际应用的脱节，明确了科学研究、规范编制、工程应用的定位，建立评估优化长效机制。同时，规范交通指路标志设计设置原则的制定、工程应用的流程，增强规范制定及工程应用严谨性、科学性。

**本章参考文献**

［1］ Lu，J.，L. Lu，P. Liu et al. Safety and operational performance evaluation of four types of exit ramps on florida's freeways[R]. Contract No.：BD544 38. No. May 2010.

［2］ Yao Y，Zhao X H，Zhang Y L，et al. Development of urban road order index based on driving behavior and speed variation[J]. Transportation Research Record，2019，2673(7).

［3］ 赵晓华，姚莹，丁阳，等. 基于导航数据的交叉口进口道安全风险评估及诊断方法[J]. 同济大学学报(自然科学版)，2020，48(12)：1733-1741.

［4］ Chen，T.，Guestrin，C. Xgboost：a scalable tree boosting system[J]. ACM. 2016.

［5］ Mousa，S. R.，Bakhit，P. R.，Ishak，S. An eXtreme gradient boosting method for identifying the factors contributing to crash/near-crash events：a naturalistic driving study[J]. Canadian Journal of Civil Engineering，2019，46(8).

［6］ Lundberg，S. M.，Erion，G. G.，Lee，S.-I. Consistent individualized feature attribution for treeensembl，2018.

［7］ Huang L.，X. Zhao.，Y. Li.，et al. Optimal design alternatives of advance guide signs of closely spaced exit ramps on urban expressways[J]. Accident Analysis and Prevention，2020，138，105465.

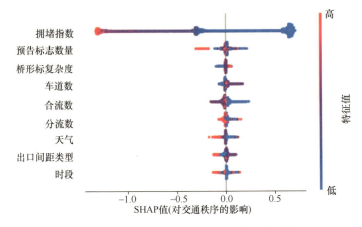

图 9-22 各特征对 XGBoost 模型输出的贡献

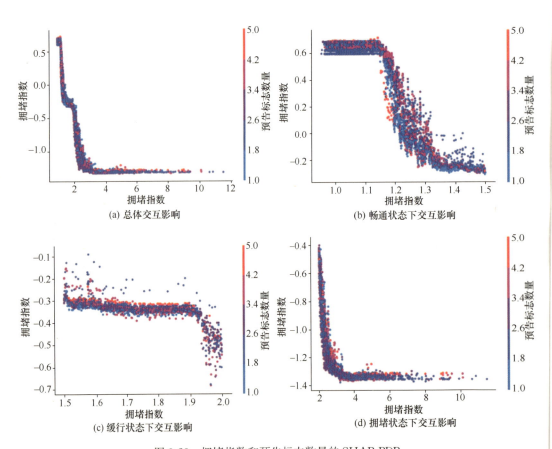

图 9-23 拥堵指数和预告标志数量的 SHAP PDP